Nur ein paar Stündchen

Nix wie raus, ganz schnell ins Grüne. Auch mit wenig Zeit lässt sich Großartiges erleben. Kleine und große Abenteuer warten direkt vor der Haustür.

4H

Raus für einen Tag

Man muss nicht das Land verlassen, um neue Welten zu entdecken. Einfach mal einen Tag lang raus aus dem Alltagsallerlei und rein in die Natur.

12 H

Ferien für ein Wochenende

Warum auf die große Auszeit warten, wenn man einen Wochenendtrip in der Nähe machen kann? Vergnügen, Abenteuer und Wohlgefühl kompakt und intensiv.

36H

LIEBE LESERIN, LIEBER LESER,

zwischen brummender Wirtschaft und eben solchem Verkehr verliert man im Rhein-Main-Gebiet allzu leicht die schönen Flecken im Grünen aus dem Blick. Dabei gibt es davon rund um Frankfurt, Wiesbaden, Mainz und Darmstadt viele. Da warten Inseln der Ruhe im Schatten der Skyline und heimische Urwälder mit Indiana-Jones-Flair.

Dieses Buch bietet Appetitanreger für Wochenendabenteuer und kleine Alltagsfluchten für zwischendurch. Die 52 abwechslungsreichen und wohltuenden Auszeiten lassen sich ohne großen Aufwand im Nu umsetzen – und zehren tut man von ihnen noch lange, nachdem man, wieder daheim, die Wanderschuhe abgestreift hat.

Viel Vergnügen beim Lesen und Entdecken wünscht

Sarah Walbinger

PS: Informationen zum GPX-Download gibt's auf Seite 224.

1. KAPITEL
ABSTECHER

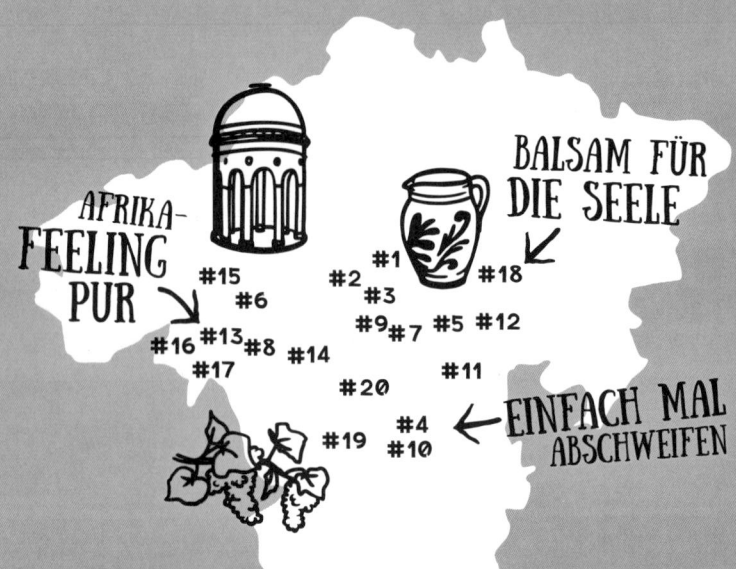

AFRIKA-
**FEELING
PUR**

BALSAM FÜR
DIE SEELE

#15
#6
#2
#1
#3
#18
#9 #7 #5 #12
#16 #13 #8 #14
#17
#20
#11
#19
#4
#10

EINFACH MAL
ABSCHWEIFEN

Nur ein paar Stündchen

Die Sinne mit neuen Eindrücken verwöhnen.
Durch Dünenlandschaft spazieren, Auen
auskundschaften und Flüssen mit dem Rad
folgen – die kleine Auszeit ist ganz nah.

FEIER-ABEND MIT AUSSICHT

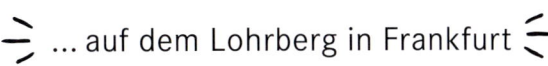 ... auf dem Lohrberg in Frankfurt

Auf der Suche nach der schönsten Aussicht auf die Skyline Mainhattans landet jeder früher oder später auf dem Lohrberg, dem Hausberg der Frankfurter. Noch dazu findet man hier die lauschigsten Orte, um auf Gedankenreise zu gehen. Und den letzten Weinberg innerhalb des Stadtgebietes.

Blick auf die Stadt der Dichter und Bänker.

Flecke is.« So beginnt das Gedicht eines Bewunderers der Mainmetropole. Wie er hieß, wissen wir leider nicht. Aber egal: Wer selber auf der Spitze des Lohrbergs steht, inmitten des 18 Hektar großen Parks, der kann diesen Enthusiasmus nur zu gut nachvollziehen.

Die Blätter in den Kronen der alten Bäume rascheln sanft, darunter schmiegen sich frisch Verliebte auf einer bunten Decke aneinander. Andere sitzen auf Bänken und lassen den Blick in die Ferne schweifen. Die Kleinen finden im Lohrpark Bäume zum Klettern und kommen auf dem Spielplatz und im Planschbecken auf ihre Kosten.

Über seine etwa 185 Meter Höhe wird ein Oberbayer vielleicht verächtlich lachen. Doch bietet der Lohrberg, auch ohne dass er ein Zweitausender ist, das, was ein Berg eben bieten soll. Nämlich ein phänomenales Panorama, an dem man sich einfach nicht sattsehen kann. Nicht nach ein paar Stunden und auch nicht nach Jahren. Ganz nah strahlt die

»Wenn ich so auf dem Lohrberg steh un laß mei Blicke schweife, guck in die Fern und in die Näh, da kann ich schon begreife, daß des in Frankfurt ganz gewiß eins von de schönste

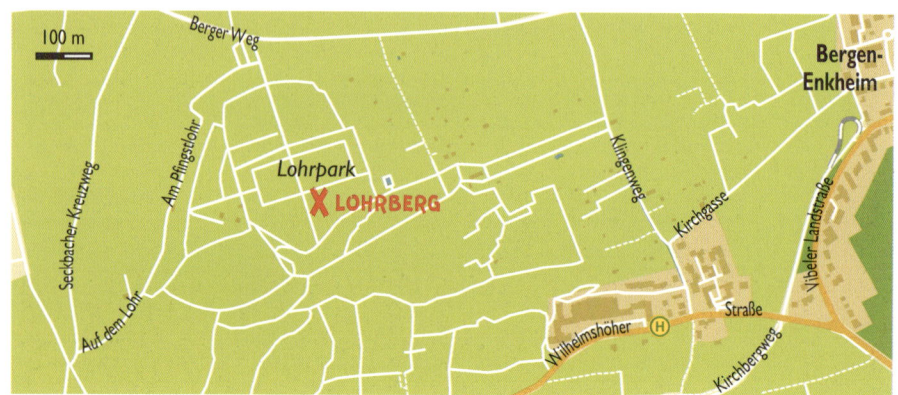

Auf der Sonnenseite des Lohrbergs gedeihen Weintrauben. Der Anblick macht durstig. Abhilfe verschaffen Erfrischungen im MainÄppelHaus.

Skyline, das berühmte Wahrzeichen Frankfurts, und spiegelt eine Weltstadt wider, eine Metropole der Kontraste.

Die sonnenverwöhnte Lage macht es zudem möglich, am Lohrberg-Hang Wein anzubauen – wie sonst nirgendwo innerhalb des Frankfurter Stadtgebiets. Wer bei all den Reben durstig wird, genehmigt sich ein Glas spritzigen Apfelwein im MainÄppelHaus (www.main-aeppelhauslohrberg.de)

Der Lohrberg ist übrigens nicht nur im Frühling oder Sommer ein prima Ausflugsziel. Im Winter bieten die sanft abfallenden Ebenen den perfekten Rodelspaß, und wer nicht weiß, wohin an Silvester: Hier hat man einen der besten Ausblicke auf das Feuerwerk.

FAZIT: DIE PERFEKTE FEIERABEND-ESKAPADE NACH EINEM STRESSIGEN MONTAG IM BÜRO.

Hin & weg: Mit Bus 43 bis Henry-Budge-Heim, von hier ca. 10 Minuten Fußmarsch. Oder mit Bus 30 bis Haltestelle Lohrberg/Heiligenstock (ca. 20 Min. Fußweg).

Beste Zeit: Am schönsten in den Abendstunden.

Dauer: 2 Std.

Ausrüstung: Kamera.

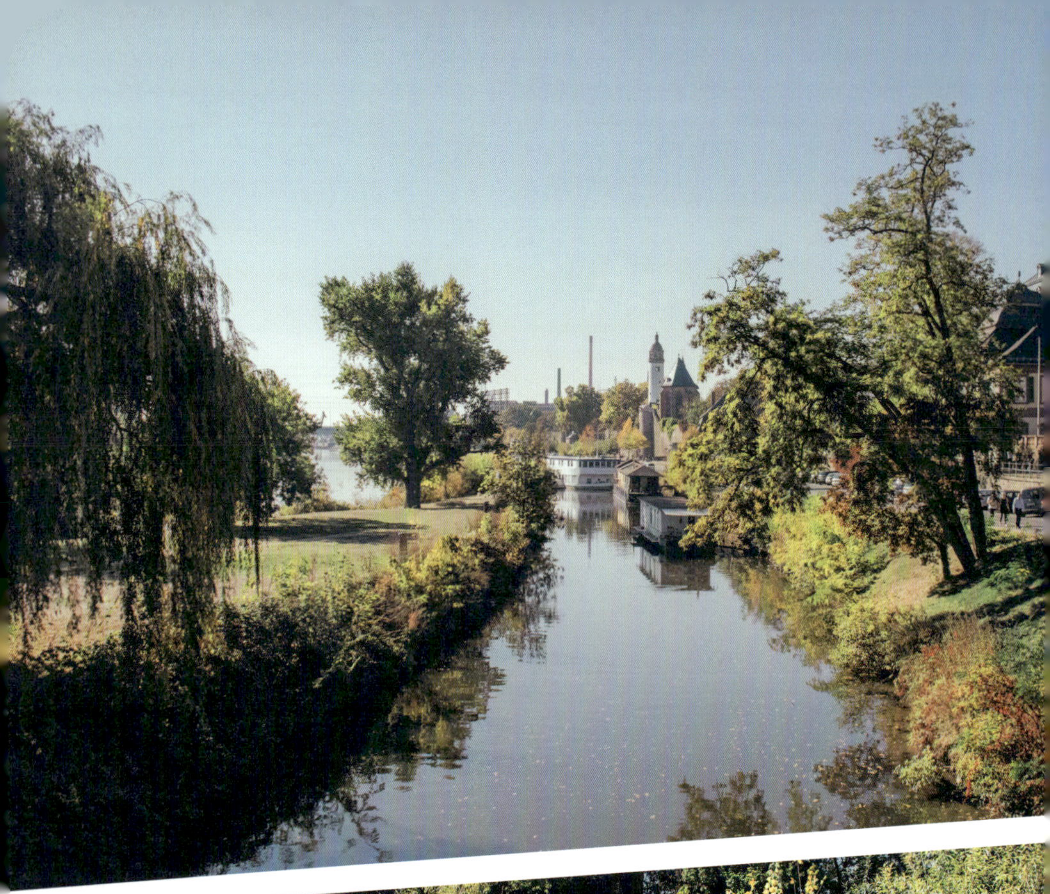

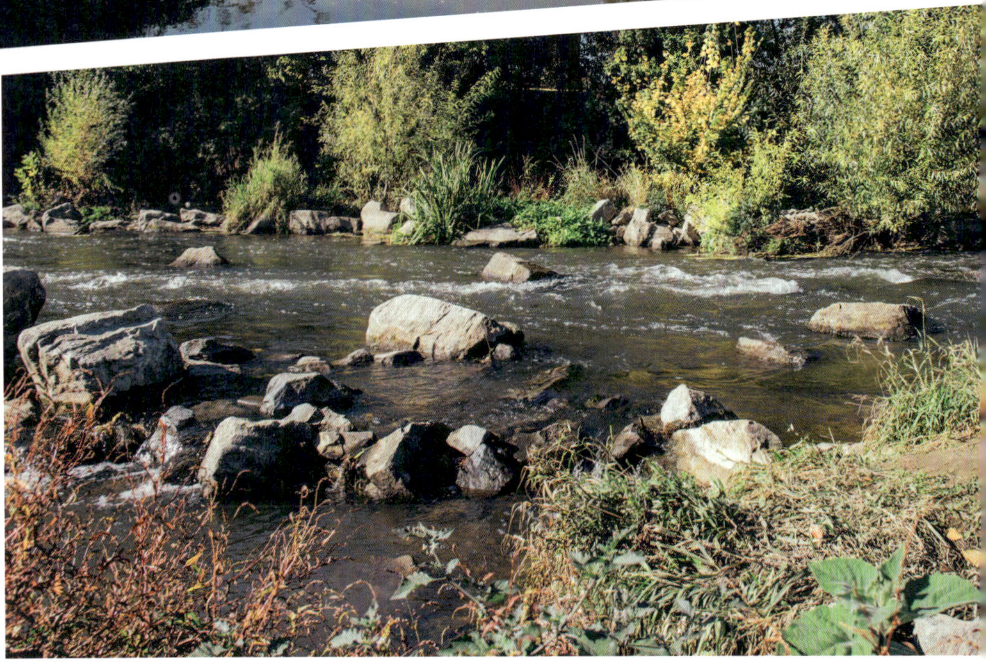

MIT DEM STROM

 ... entlang der Nidda

Immer der Nidda nach! Mal zeigt sie sich als sanftes Gewässer und dann wieder als ungezähmter Strom. Radler führt sie bei dieser Tour vom Brentanopark bis in den Frankfurter Stadtteil Höchst. Mit ultimativem Venedig-Feeling und vielfältiger Natur.

Erster Kontakt mit der Nidda im Brentanopark.

Brentanomuseum befindet (www.petrihaus-frankfurt.de). Daneben reckt sich seit mehr als 250 Jahren ein imposanter Ginkgobaum in den Himmel, einer der ältesten seiner Art in ganz Europa. Übrigens: Er soll Goethe zu einem seiner Gedichte inspiriert haben.

Kurze Zeit später geht's raus aus der Parkanlage. Wer die Radtour etwas ausdehnen möchte, dem bietet sich nach etwa 3,5 Kilometern eine herrliche Gelegenheit zum Rasten, direkt am Weiher. Alle anderen radeln entspannt weiter, immer weiter, rechter Hand der Fluss, bis sie nach knapp acht Kilometern Frankfurt-Höchst erreichen – wo die Nidda in den Main mündet.

Hier warten nicht nur malerische Fachwerkhäuser auf staunende Gäste, wohlgemerkt das größte geschlossene Ensemble in ganz Frankfurt. Diverse Einkehrmöglichkeiten locken zu Speis und Trank. Erste Anlaufstelle ist die Mainmühle, ein Café mit schöner Terrasse (wenn es also nicht gerade in Strömen gießt ...), das köstlichen Kuchen, Mini-Quiches, Handkäs' mit Musik und Grüne Soße serviert (www.facebook.com/mainmuehle).

Einfach aufs Rad schwingen und losdüsen. Mit dem Fahrtwind im Gesicht und dem Plätschern der Nidda im Ohr. Ein abwechslungsreicher Radweg erstreckt sich zwischen Frankfurt-Höchst und einem der schönsten Parks Frankfurts, dem Brentanopark. Alte Bäume spenden hier auf den sich sanft neigenden Hügeln an heißen Sommertagen Schatten. Und dann die vielen Brücken! Kaum ist die eine mit einem dumpfen Holpern passiert, kommt auch schon die nächste. An einigen der Wasserüberwege strampelt man lediglich vorbei, anstatt sie zu überqueren, trotzdem kommt dem einen oder anderen vielleicht Venedig in den Sinn.

Noch im Park erblickt man am Nidda-Wehr das romantische Petrihäuschen, in dem sich das

Hin & weg: U 6 bis zur Haltestelle Fischstein oder S 3, 4 bzw. 5 bis Rödelheim. Von Frankfurt-Höchst nimmt man die S 1 bzw. S 2, die RB 10 bzw. 12 oder den RE 9 bzw. 20 zurück ins Zentrum.

Beste Zeit: Sonnige Tage, April–Oktober.

Dauer & Strecke: 3–4 Std für 15 km Hin- und Rückfahrt, inklusive Kaffeepäuschen in Höchst.

Ausrüstung: Drahtesel schnappen und ab geht die Post!

Wie es wohl wäre, in einem dieser entzückenden Fachwerkhäuschen in Frankfurt-Höchst zu wohnen? Träumen ist bei dieser Eskapade ausdrücklich erwünscht.

Nach einem Streifzug durch die Altstadt radelt man auf selber Strecke zurück bis in den Brentanopark – oder beschließt die Radtour an Ort und Stelle und lässt sich chauffieren. Mit der Bahn.

PICKNICK IM PALMEN— GARTEN

>⟨ … in Frankfurt-Westend ⟩⟨

Der Palmengarten in Frankfurt ist längst kein Geheimtipp mehr. Die meisten Besucher kommen jedoch nur, um die Flora verschiedener Klimazonen zu bestaunen. Dabei ist der Botanische Garten eine regelrechte Oase. Perfekt, um einfach mal die Picknickdecke auszubreiten.

1869 von Bürgern für Bürger geschaffen, wurde der Palmengarten immer wieder erweitert und modernisiert – parallel stieg die Zahl der exotischen Pflanzenarten. Unter dem Motto »Pflanzen, Leben, Kultur« kombinieren diverse Veranstaltungen das Pflanzenerlebnis mit Musik, Führungen und Vorträgen. Jährliches Highlight ist das Rosen- und Lichterfest im Juni.

Wer das Kassenhäuschen hinter sich lässt und nach draußen tritt, dem präsentiert sich der Park in ganz besonderer Weise: Der Teich mit Seerosen lässt einen sofort an Monets impressionistische Werke denken. Zarte rosafarbene Tupfer zwischen großblättrigem Grün. Dahinter liegt malerisch das Haus Rosenbrunn, ein Pavillon im neoklassizistischen Stil.

Es ist vollkommen unwesentlich, welchen Pfad man wählt, um sich durch den Garten treiben zu lassen. Ob man sich zuerst für das Palmenhaus, den Sukkulentengarten oder die Steppenwiese entscheidet. Oder lieber auf dem Großen Weiher eine Runde mit dem Ruderboot dreht und entspannt an Wasserfall und Schildkröten vorbeigleitet.

Hin & weg: Von Frankfurt-Hauptwache mit der U 4, 6 oder 7 bis Bockenheimer Warte. Von hier sind es etwa 10 Min. zu Fuß.

Beste Zeit: Bei Sonnenschein. Aber auch zur kühleren Jahreszeit machen die Gewächshäuser Spaß, dann eben ohne Picknick.

Dauer: Etwa 3 Std. Infos auf www.palmengarten.de

Ausrüstung: Geld für den Eintritt, eine Picknickdecke und ein paar ausgewählte Köstlichkeiten.

Sommerfreuden: eine Bootstour auf dem Weiher.

Manch einer macht es sich auf den Liegestühlen bequem. Kinder flitzen barfuß über die Wiese. Die Grünfläche führt in Versuchung und lädt zu einer Naschpause ein. Die Decke ist flugs ausgebreitet und mit allerlei Leckereien für ein spätes Frühstück bestückt. Fluffig-lockere Waffeln, ein wenig Obst und eine Thermoskanne mit dampfendem Kaffee. Mehr braucht es gar nicht für das entspannte Picknick-Glück.

All jene, die ohne gepackten Picknickkorb kommen, lassen sich einfach verköstigen – und zwar ohne den Park zu verlassen: im Caféhaus Siesmayer (www.cafe-siesmayer.de) oder in der Villa Leonhardi, wo neben einem wechselnden Mittags-Menü auch hausgemachte Pasta und italienische Käsespezialitäten serviert werden (www.villa-leonhardi.de)

Im Anschluss wandelt man durch den Lustgarten, erneut über verschlungene Pfade, vorbei an eleganten Palmen und üppigen Blütenprachten. Monet wäre definitiv auch ins Schwärmen geraten.

Übrigens ist ein Besuch im Palmengarten auch im Winter zu empfehlen. Wenn Raureif auf den Pflanzen und der Wiese glitzert, kann man sich nach einem Streifzug an der eisig-frischen Luft wunderbar in die tropisch-warmen Gewächshäuser flüchten.

FAZIT: EIN ABSTECHER MIT HOHEM ERHOLUNGSWERT – BEINAHE WIE EIN EXOTISCHER KURZURLAUB.

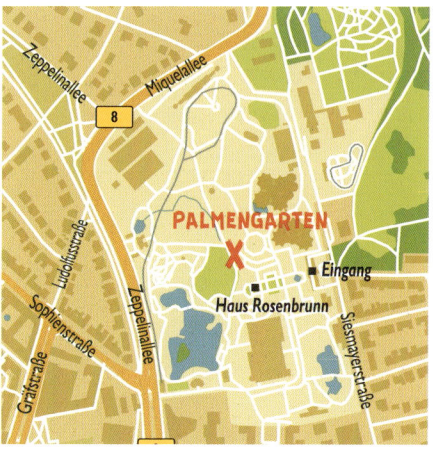

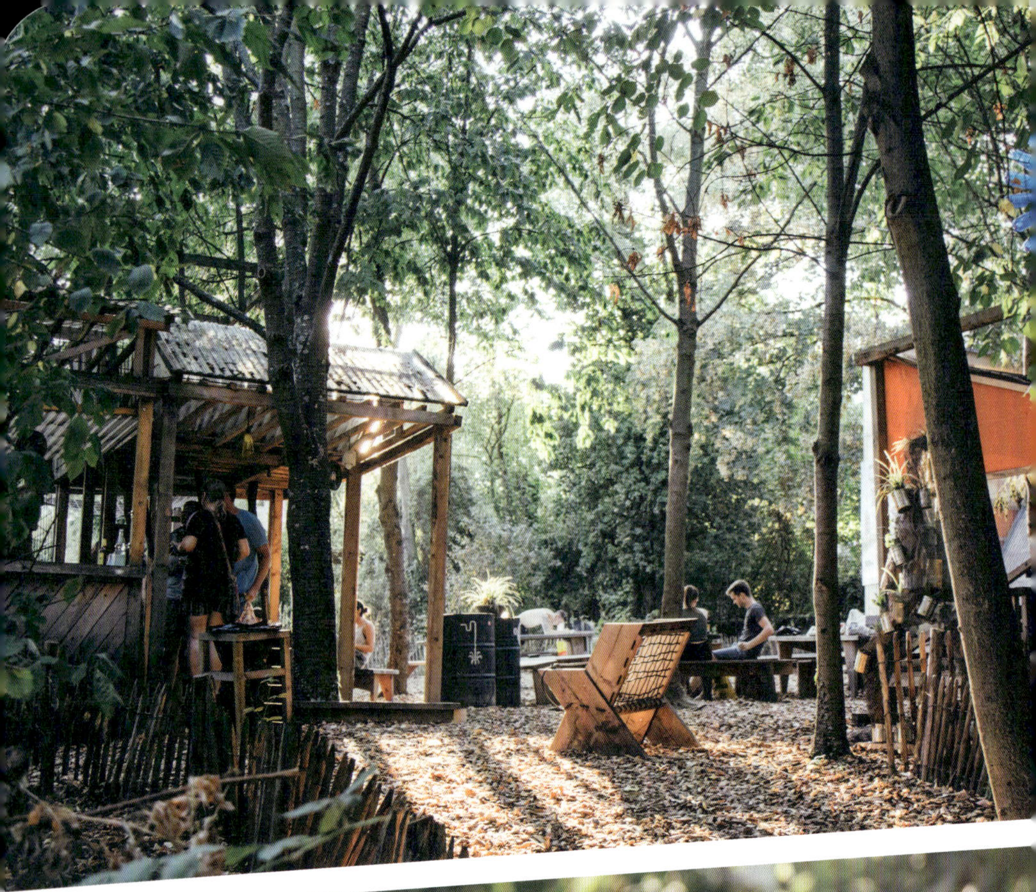

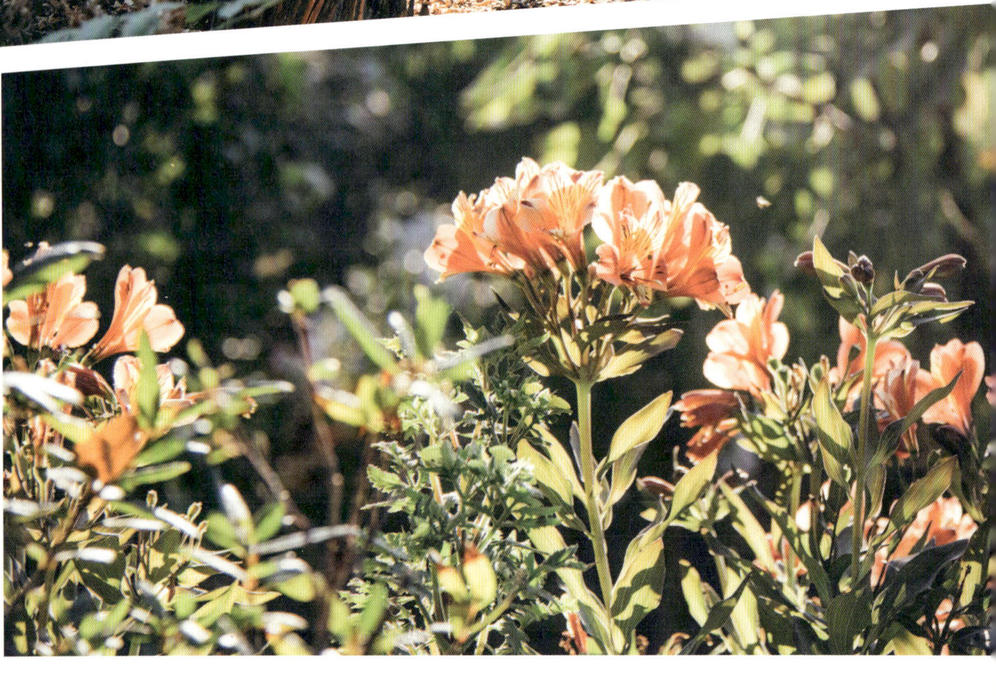

UMWEGE ERWÜNSCHT

⦚ … in Darmstadt ⦚

Kurz und knackig wirkt dieser gemütliche Spaziergang auf den ersten Blick. Nach den ersten Metern merkt man jedoch: Der Schein trügt. Zahlreiche Stationen entlang des Weges ermuntern zum ausgiebigen Abschweifen und dazu, die Eskapade vielleicht doch noch etwas auszudehnen.

Guter Grund, um kurz vom Weg abzukommen: der Botanische Garten.

Sich ablenken lassen. Das ist das oberste Gebot dieses kleinen Rundweges durch den Osten Darmstadts. Denn sind es nicht gerade die Umwege – auf Wanderungen genauso wie im Leben –, die oft gerade das Besondere enttarnen und dem Alltäglichen Würze verleihen?!

Beginnend am Café Woog, führt dieser Rundweg zunächst entlang des Wassers und der Heinrich-Fuhr-Straße. Schon wenig später erreicht man den Botanischen Garten und verlässt dort das erste Mal die Route. Über verschlungene Wege spaziert man durch die fünf Hektar große Anlage, in der es 9000 Pflanzenarten zu bestaunen gilt. Darunter hundertjährige Bäume, ein Heidegarten sowie ein Alpinum. Nach dem exotischen Abstecher geht es durch den Haupteingang wieder zurück auf die Schnittspahnstraße und kurz

darauf über die Bahngleise. Etwa 500 Meter spaziert man am Saisongarten Oberfeld vorbei. Fleißige Hände buddeln hier in Gemüsebeeten oder wässern die Obststräucher. Auf dem weitläufigen Gelände des Hofguts Oberfeld hat jeder, der schon mal davon geträumt hat, selber Zucchini, Kürbis & Co. zu ernten, die Möglichkeit dazu (www.landwirtschaft-oberfeld.de/hofgut-saisongarten.html).

Weiter geradeaus, vorbei an den Parzellen, erreicht man die Rosenhöhe. Der historische Park empfängt Ruhesuchende mit einem Plateau. Es ist der ideale Ort, um die Füße hochzulegen und den Blick Richtung Saisongarten und der Weide dahinter schweifen zu lassen. Wer sich genug Ruhe gegönnt hat, verlässt den Park, vorbei an Obstbäumen und Rosarium flanierend, durch das Löwentor in Richtung Westen.

Schon bald ist es aber Zeit, um erneut vom vorgesehenen Weg abzukommen. Statt des Olbrichwegs geht man den Fiedlerweg ein Stück hinauf und biegt dann links ab – und findet sich wenige Meter weiter inmitten des Veranstaltungsorts OHA Osthang wieder. Alternatives Berlin-Flair wird hier versprüht und vermischt sich kurz darauf mit dem Geist des Jugendstils,

Hin & weg: Vom Darmstädter Hauptbahnhof mit dem Bus X78, 672, RH oder MO1 bis zur Haltestelle Elisabethenstift/Woog.

Beste Zeit: Das ganze Jahr über schön, besonders aber im Frühling, wenn auf der Rosenhöhe und im Botanischen Garten die ersten Knospen sprießen.

Dauer & Strecke: Aufgrund der Attraktionen entlang des Weges für die 6 km mindestens 3 Std. einplanen.

Ausrüstung: Geld für die Einkehr und eventuell Badesachen für einen Sprung in den Woog.

Wer wagt den Sprung in den Woog? Alternativ warten noch andere Highlights auf dem Weg.

für den Darmstadt bekannt ist. Prachtvoller Höhepunkt der Epoche des Art nouveau ist die Mathildenhöhe mit dem Hochzeitsturm, der Russischen Kapelle und dem Lilienbecken.

Sich Zeit nehmen. Das ist das zweite Gebot dieser Eskapade. Denn ganz nebenbei kann es passieren, dass aus dem angedachten Abstecher doch ein Tagesausflug wird und man erst zu später Stunde wieder am Startpunkt am Woog ankommt.

Hat sich die Sonne schon vor einer Weile hinter den Bäumen auf der anderen Uferseite verabschiedet, lässt sich der Flaneur leicht überreden zu einer letzten Vergnügung dieses Tages. Die da wäre: Das spiegelglatte Wasser vor sich bewundern – mit Pistazien-Crème-brûlée auf dem Teller (www.woog.me).

FAZIT: LEICHTE UND ABWECHSLUNGSREICHE TOUR MIT VIELEN WOW-MOMENTEN.

SCHWITZEN MIT STIL

>∈ ... im Frankfurter Hafenpark ∈<

Zu Füßen der Europäischen Zentralbank erstreckt sich seit dem Jahr 2015 ein 3,5 Hektar großes Sportgelände – Treffpunkt für Skater, Feierabendyogis, Sportskanonen und all jene, die es noch werden wollen. Also die Laufschuhe fest geschnürt und nichts wie ins Frankfurter Ostend.

Ganz große Skyline-Liebe: Schon der Weg hinein in den Hafenpark ist ein Augenschmaus.

In der Morgensonne leuchten die stillgelegten Bahngleise, gleich neben der Klimmzugstange, an der sich bereits der erste athletische Körper in die Höhe zieht. Noch herrscht Ruhe im Hafenpark vor der Europäischen Zentralbank. Erst zum Feierabend wird sich das Gelände an der Mainpromenade mit Menschen füllen, die an den zahlreichen Stationen nach Ausgleich zum Büroalltag und nach körperlicher Ertüchtigung suchen.

Dann werden Handtücher und Yogamatten auf der Wiese ausgebreitet, werden der »Krieger II« oder die »Heuschrecke« perfektioniert. BMX-Fahrer und Skateboarder sausen die Halfpipe runter und vollführen eindrucksvoll ihre Tricks. Balance-Profis schweben elegant über die vorinstallierte Slackline, und Mannschaftssportler powern sich auf den multifunktionalen Spielfeldern im Volleyball, Badminton oder Feldhockey aus.

Der schönste Weg hinein in den Hafenpark ist ganz klar der von der Sachsenhäuser Seite her, über die Osthafenbrücke und weiter über die Honsellbrücke. Wohl kaum einem Fußgänger gelingt es hinüberzuspazieren – oder zu walken –, ohne mindestens einmal anzuhalten und andächtig das weltberühmte Skyline-Panorama

Hin & weg: Von der Hauptwache mit der U 6 oder vom Hauptbahnhof mit Straßenbahnlinie 11 bis Ostbahnhof.

Beste Zeit: Wann immer man den inneren Schweinehund erfolgreich besiegt.

Dauer: 1–2 Std.

Ausrüstung: Sportkleidung, Handtuch, Wasser und eine Portion Motivation.

Das Outdoor-Gym in der Frankfurter City lädt zur Balancepartie auf der Slackline oder zu Yoga im Grünen ein.

zu bestaunen. Der Weg aus der Frankfurter Altstadt ist aber natürlich auch nicht zu verachten. Vom Römerberg sind es nur wenige Meter bis zum Eisernen Steg. Ab hier bietet sich eine kurze und knackige Joggingeinheit über die Mainpromenade an, bis zum Hafenpark.

Nach vollendetem Sportprogramm wartet nur fünf Gehminuten entfernt die Belohnung in Form von erfrischenden Drinks, feinen Kuchen und raffinierten Gerichten der internationalen Küche. Im Restaurant Oosten genießt man auf der Dachterrasse beim Post-

Sport-Cocktail eine phänomenale 270-Grad-Perspektive auf die Bankentürme und die Frankfurter Flusslandschaft (www.freigut-frankfurt.com/oosten-frankfurt).

FAZIT: ERST TRIMMEN, DANN — OHNE SCHLECHTES GEWISSEN — GENIEßEN. DIE PERFEKTE SYMBIOSE.

FLIEGENDE KUGELN UND DOSENKUNST

... im Schlachthof in Wiesbaden

#6 *Kultur und Kaffee hat der Schlachthof in petto, das weiß man sogar über die Grenzen der hessischen Landeshauptstadt hinaus. Was jedoch die wenigsten wissen: Hier findet man auch die geeignete Location, um mal ordentlich die Boulekugeln rollen zu lassen.*

Das mondäne Wiesbaden mit seinen herrlichen Altbauten und dem prunkvollen Kurhaus kann auch anders. Alternativ und facettenreich präsentiert sich der Schlachthof unweit des Hauptbahnhofs. Einst traten auf dem Gelände Kühe, Schweine & Co. ihren letzten Gang an. In den Neunzigerjahren wurde der Schlachthof aber wegen schlechter Wirtschaftung und Nichteinhalten von Hygienevorschriften geschlossen.

Heute wird hier Raum für Kultur und Kunst in allen Formen und für alle Altersklassen und Bevölkerungsschichten geboten. Im historischen Wasserturm verbirgt sich das Kesselhaus, und dort lassen sich wunderbar die Nächte durchtanzen. Gleich daneben liegt ein weiterer Veranstaltungsraum, die Schlachthofhalle mit einem unglaublich breiten kulturellen Angebot – von Konzerten, Theaterstücken und Lesungen bis zu Messen zu unterschiedlichsten Themen. Kulinarische Gelüste werden auf der Terrasse oder im Inneren des 60/40 hinter großen Rundbogenfenstern mit Industrieflair befriedigt (www.das6040.de). Gleich vor dem Biergarten gibt's einen der Kiesplätze, auf dem jeder, der Lust hat, seine Auge-Hand-Koordination trainieren kann: beim Boulespielen. Einen weiteren Platz, auf dem man sich

Hin & weg: 10 Min. Fußmarsch vom Wiesbadener Hauptbahnhof.

Beste Zeit: Der Schlachthof hält zu jeder Jahreszeit eine Überraschung bereit. Infos zu Veranstaltungen: www.schlachthof-wiesbaden.de

Dauer: 2–3 Std.

Ausrüstung: Boulekugeln.

Genießen in entspannter Atmosphäre, draußen und drinnen: im 60/40.

austoben kann, findet man direkt neben der Veranstaltungshalle.

Dazwischen schmückt knallbunte Streetart die Fassaden. Yorkar, ein Künstler, der sich mit seinen Murals und Graffitis in der ganzen Stadt verewigt hat, ist auf dem Gelände des Kulturzentrums sogar mit seinem Atelier ansässig. Zu bestimmten Zeiten ist die Werkstatt für Besucher geöffnet und man kann Einblicke in seine Arbeit erhaschen (Infos unter www.yorkar.de/atelier).

Regelmäßig finden im Schlachthof kulinarisch-cineastische Abende statt. Beim »Köstlichen Kino« zeigt das Murnau-Filmtheater ausgewählte Filme, und die Hofköche begleiten das Event mit einem thematisch passenden Gericht. Und wer nun noch einen letzten guten Grund braucht, sich ganz bald auf den Weg zum Schlachthof nach Wiesbaden zu machen: Jeden ersten Samstag im Monat, von März bis Oktober, gibt's hier einen Flohmarkt, und den Trödelspaß begleitet ein wechselndes Rahmenprogramm – wie Streetfood-Markt und Kettcar-Rennen.

FAZIT: URBAN OUTDOOR MEETS KULT – DER PLACE TO BE IN WIESBADEN.

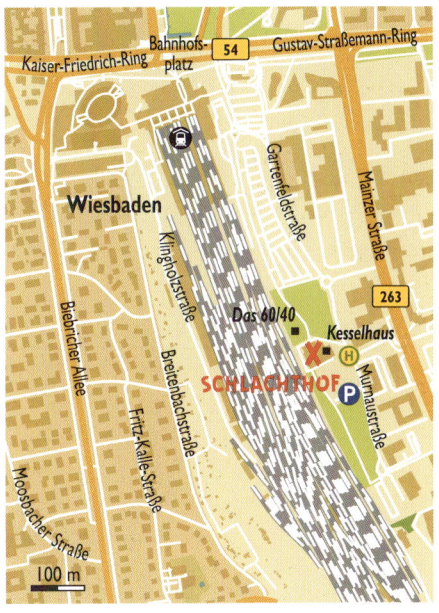

STRESS ADE

... im LILU in Frankfurt-Niederrad

#7 *Ein urbanes Biotop, ein Stück Frankfurter Zeitgeschichte, eine Insel zum Entspannen und Feste-Feiern – mit dem Potenzial zur Lieblingssommer-Location. Das alles ist das Licht- und Luftbad Niederrad, kurz: LILU.*

Im Café Ponton LILU werden Getränke und Snacks serviert, überwiegend aus der Region und teilweise aus biologischem Anbau. Außerdem können Pavillons, Grill und Holzkohle, Liegestühle, Sonnenschirme und Biertischgarnituren gemietet werden. Alle Bestandteile, die es für ein buntes Beisammensein mit Familie und Freunden an einem milden Sommerabend braucht.

Dabei blickt das Bad auf eine ernste Vergangenheit zurück. Im Jahr 1900 wurde das Licht- und Luftbad am nördlichen Rand Niederrads eröffnet. Zu dieser Zeit war das Schwimmen im Main noch erlaubt. Besonders Arbeiterfamilien diente der Ort zur Erholung. In den Dreißigerjahren zeigten sich auch in Frankfurt die Folgen der Schreckensherrschaft der Nationalsozialisten. Das LILU wurde zum letzten öffentlichen Bad, zu dem jüdische Bürgerinnen und Bürger Frankfurts Zutritt hatten. Ab 1938 war das aber auch hier vorbei. Ein Jahr später übernahm die Sturmabteilung das Bad. Heute erinnert eine

Noch bevor man die schmale Fußgängerbrücke der ehemaligen Schleuse überquert hat, taucht man regelrecht ein in diesen einzigartigen Ort. Ein üppig bewachsenes Hausboot ankert hier, die MS *Heimliche Liebe*. Es wirkt, als habe sich die Natur das Boot allmählich zurückerobert, hier an der Maininsel, die durch den Bau der ersten Schleusen entstanden ist.

Auf der anderen Uferseite sausen Frisbeescheiben durch die Luft. Kinder toben lachend umher. Die kleine Oase des Licht- und Luftbades Niederrad bietet viel Freiraum zum Sonnenbaden, Lesen, Spielen und Feiern. Egal ob alleine oder gemeinsam. Die Atmosphäre ist entspannt und alternativ – abseits von Kommerz und Schick.

Hin & weg: Mit der Tram 12, 15 oder 21 bis zu der Haltestelle Heinrich-Hoffmann-Straße/Blutspendedienst. Von hier sind es 400 m bis zum Main.

Beste Zeit: Sobald das Thermometer auf wärmere Temperaturen klettert. Infos auf: www.lilu-frankfurt.de

Dauer: Funktioniert wunderbar für einen Absacker zum Feierabend, genauso wie für einen ganzen Tag.

Ausrüstung: Picknickdecke und Frisbee.

Ein Garant für entspannte Sommertage am Main: das Licht- und Luftbad in Frankfurt-Niederrad.

Gedenktafel an die Verfolgung der jüdischen Bevölkerung. Was bleibt von dieser dunklen Zeit? Das LILU. Als ein Ort, der ausdrücklich zur Toleranz und Integration einlädt und seinen Teil gegen das Vergessen beiträgt.

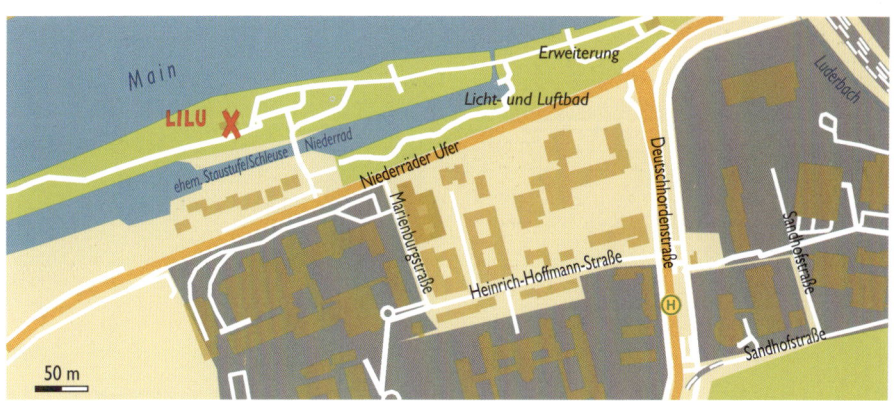

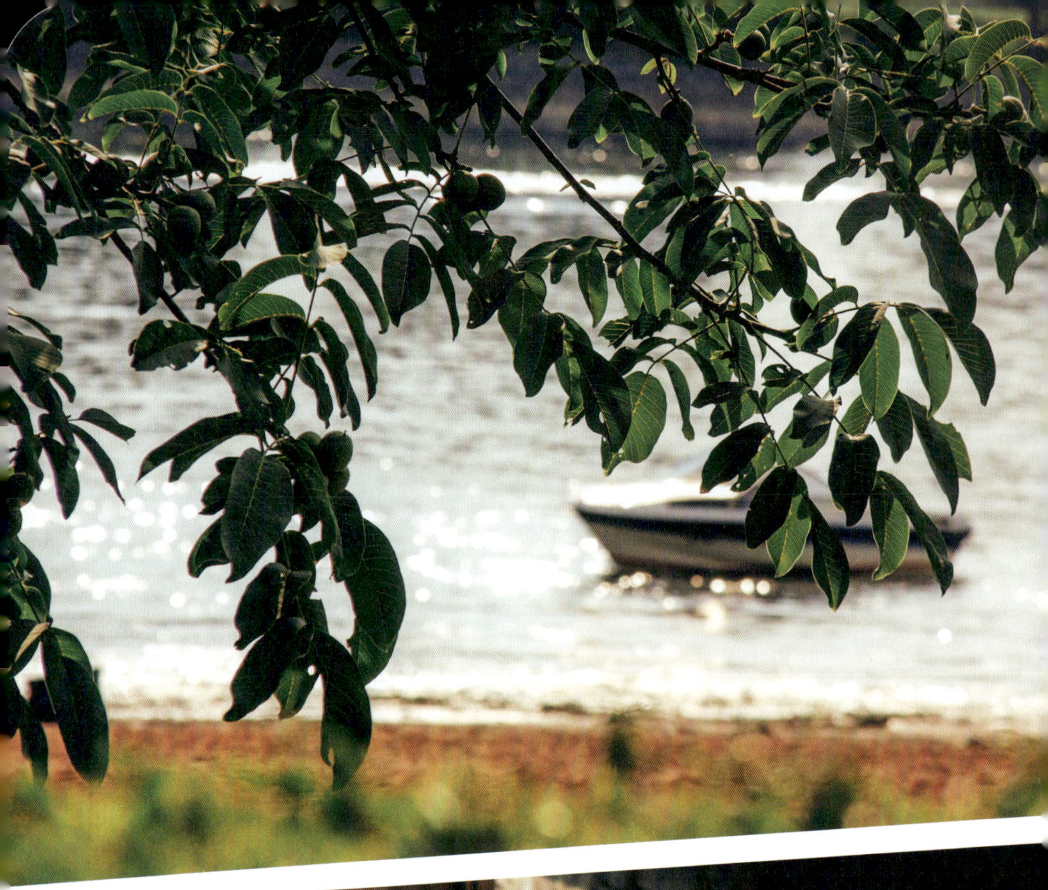

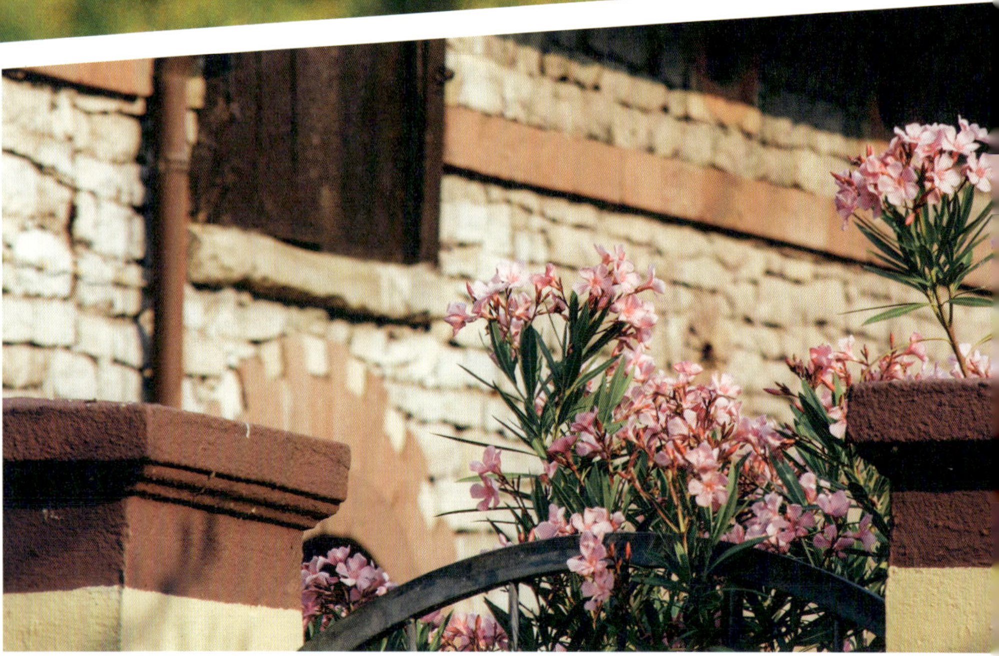

INSELIDYLL & VOGEL-PARADIES

... auf der Rheininsel Langenau

#8 *Wie ein Kurzurlaub fühlt sich dieser Abstecher auf die Rheininsel Langenau an. Mit der Fähre geht's von Ginsheim über den Altrhein – und dann ab auf den Sattel und durch die schöne Auenlandschaft!*

Zahlreiche Vogelarten sind in der Auenlanschaft heimisch oder in den Sommermonaten auf Stippvisite. Am Schwarzbach hält eine Schwanenfamilie Siesta.

einlädt – oder warum nicht mal wieder Steinchen übers Wasser springen lassen? Flache, scheibenförmige Steine eignen sich hierfür besonders gut. Genauso wie das ruhige Wasser am Rheinufer, wenn nicht gerade ein Jetski vorbeipest. Von der Terrasse genießt man bei Kaffee und Kuchen oder Pils vom Fass und regionalen Schmankerln den Blick auf den Fluss mit dem regen Schiffsverkehr. Im mediterran wirkenden Hof des Anwesens finden regelmäßig Konzerte und andere Veranstaltungen statt.

Wenig Verkehr. Dafür urwüchsige Landschaft und Natur in ihrer flüssigen Form. Und das in rauen Mengen. Diese drei Dinge haben wohl alle kleineren Eilande gemein. So auch die Insel Langenau, die sich idyllisch entlang der hessischen Grenze an ihren Nachbarn, Rheinland-Pfalz, schmiegt.

Start dieser entspannten Radtour ist die Rheinschiffsmühle im beschaulichen Ginsheim. Über den Damm erreicht man die Anlegestelle der Fähre Johanna. Ganzjährig bringt sie ihre Passagiere auf die Insel Nonnenau – so auch uns. Dort, auf der anderen Uferseite des sogenannten kleinen Rheins, schlängelt sich der Radweg durch das Hessische Ried bis zum Hofgut Langenau (www.hofgut-langenau.de), der zur gemütlichen Einkehr und zum Verweilen auf der weitläufigen Rheinwiese

Zurück geht es über Land, rheinaufwärts über den Steindamm bis nach Ginsheim am Altrhein. Nur ein kurzer Abschnitt verläuft über holprige Pflastersteine. Ansonsten radelt man gemütlich auf Kies und Asphalt durch die Auenlandschaft, in der zahlreiche Stör-

Hin & weg: Mit Bus 60 ab Mainz-Hauptbahnhof bis nach Ginsheim-Bouguenais-Allee. Von hier radelt man in etwa 5 Min. bis zum Rhein und weiter zur Fähranlegestelle. Achtung: Montags ist kein Fährbetrieb (den Fahrplan gibt's auf der offiziellen Seite der Stadt Ginsheim-Gustavsburg: www.gigu.de)

Beste Zeit: März–Oktober. Die Chance, Schwanenküken zu Gesicht zu bekommen, ist zwischen Mai und Spätsommer am größten.

Dauer & Strecke: 3–4 Std. für 17 km.

Ausrüstung: Fahrrad und Fernglas.

che ihr Sommerquartier bewohnen. Nach einer Etappe vorbei an urwäldlich umrahmten Buchten führt der Weg durch Felder und Wiesen und schließlich über eine Brücke über den Schwarzbach. Hier lohnt es sich, nochmal vom Rad abzusteigen, denn im dichten Ufer halten gerne Schwanenfamilien ihren Mittagsschlaf. Also pssst!

Die letzten Meter verlaufen über den Damm, vorbei am Bootshaus und dem historischen Kiesbagger und durch den alten Ortskern Ginsheims bis zum Ausgangspunkt des heutigen Abenteuers.

FAZIT: GEMÜTLICHE RUNDTOUR FÜR GENUSSRADLER UND VOGELFREUNDE.

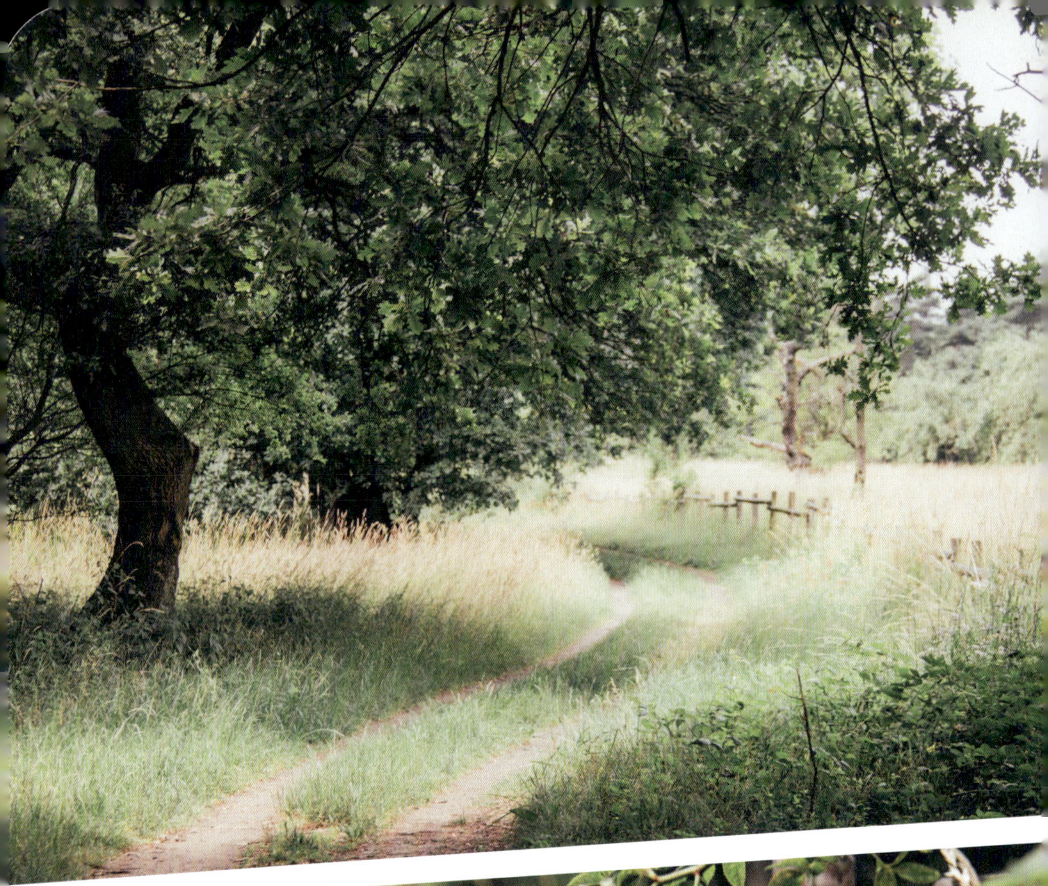

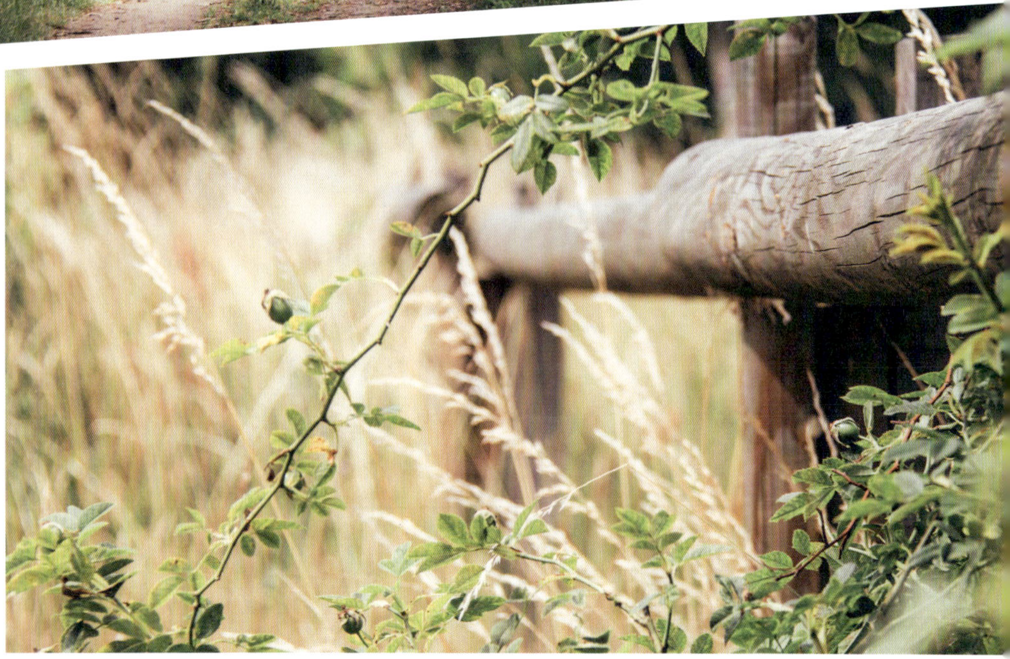

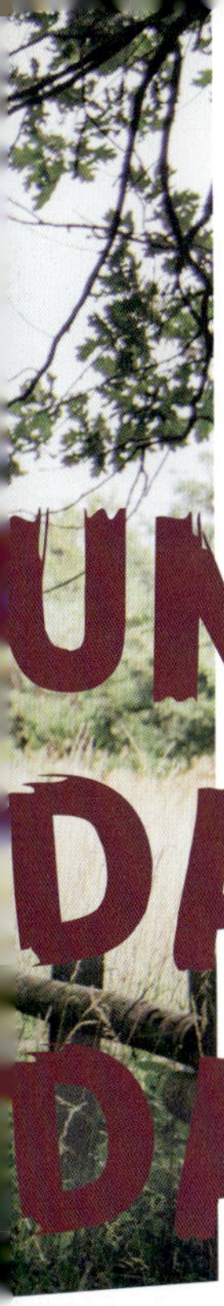

UND DAHINTER DAS MEER

⇒ … in Frankfurt-Schwanheim ⇐

#9

Eine faszinierende Dünenlandschaft – und das nur wenige Kilometer vom Zentrum Mainhattans entfernt. Diese seltene Flora und Fauna ist Lebensraum bedrohter Pflanzen- und Tierarten. Ein Spaziergang, der sich nach Küste und Seeluft anfühlt.

Der Bohlenweg, vorbei an puderzuckerfeinem Sand, lindert das Meerweh und weckt Urlaubserinnerungen.

Im Westen von Frankfurt-Schwanheim erstreckt sich auf knapp 60 Hektar eine der seltenen Binnendünen Europas. Die Landschaft entstand nach der letzten Eiszeit vor etwa 10 000 Jahren, als der Wind feine Sandkörner aus dem Flussbett des Mains auf die Ebene hinaustrug. Aber auch der Mensch hat Anteil an der Entwicklung der Dünenlandschaft. Bis Anfang des 19. Jahrhunderts war der Dannewald, der auf diesem Gebiet liegt, streng geschützt. Doch nach einem Schädlingsbefall wurde er großflächig gerodet.

Nach der Abholzung wollten Bauern Obstplantagen anlegen, aber der Versuch scheiterte wegen anhaltender Trockenheit. Die Düne begann zu wandern und »strandete« Ende des 19. Jahrhunderts genau dort, wo sie auch heute noch zu finden ist. Seit 1984 sind die Schwanheimer Dünen als Naturschutzgebiet ausgewiesen. Heute ist die Landschaft geprägt von Sand, Magerrasen, kleinen Baumhainen und Kiesteichen. Letztere entstanden, als die Düne für den Kiesabbau genutzt wurde. Im Frühling und in den Sommermonaten wachsen entlang des Zauns, hinter dem sich die Teiche verbergen, üppige Wildrosen, und

Hin & weg: Von der Frankfurter Innenstadt mit Bus 51 bis Haltestelle Schwanheimer Friedhof. Von hier etwa 10 Min. Fußweg bis zum Parkplatz, von dem der Weg links zur Düne abgeht.

Beste Zeit: Frühling und Frühherbst. Dick eingepackt aber auch ein prima Winterspaziergang.

Dauer & Strecke: 1–1,5 Std. für einen Rundgang von 2,5 km.

Ausrüstung: Eine Prise Fernweh und die Kamera im Gepäck.

Kleinere und größere tierische Bewohner entlang
des Weges.

auch an anderen Stellen findet man zart lila-
farbene bis leuchtend orangene Blüten, zwischen denen es munter summt.

Zunächst führt der Spazierweg entlang dichter Hecken und kurz darauf durch Streuobstwiesen mit knorrigen Bäumen. Hier weidet
nicht selten eine Schafherde. Emsig grasen
die Tiere und gehen der wichtigen Aufgabe
nach, eine Verbuschung zu verhindern.

Mit gedämpften Schritten gehen wir weiter
über einen 400 Meter langen Bohlenweg durch
den sensibelsten Teil der Landschaft. Sogar
aus dem Mittelmeer eingewanderte Pflanzen
fühlen sich hier wohl. Moose, Flechten und
selbst das seltene Silbergras gedeihen hier,
in Frankfurts größtem Sandkasten: ein Natur-
phänomen, das trotz oder gerade wegen seines denkbar ungünstigen Standorts – umringt
von Industriegiganten, Flughafen, Autobahn
und Bankenviertel – einzigartig ist.

**FAZIT: WECKT ERINNERUNGEN AN DIE
LETZTE SARDINIENREISE UND TRÖSTET
WIRKUNGSVOLL ÜBER EINEN URLAUB
AUF BALKONIEN HINWEG.**

DER GEIST VON DIPPEL

 … auf der Burg Frankenstein

#10

Ende des 17. Jahrhunderts trieb der verrückte Alchimist Johann Konrad Dippel sein Unwesen in Hessens Wäldern und bescherte der Region einen Mythos, der einen mit den Zähnen klappern lässt. Der Ort des Bösen? Die Burg Frankenstein.

Wenn diese alten Mauern sprechen könnten ... Sie hätten sicherlich so manche Gruselgeschichte auf Lager.

Weltbestseller »Frankenstein« inspiriert wurde und Johann Konrad Dippel als reale Vorlage für den verrückten Professor diente? Darüber streiten sich die Experten.

In dem sagenumwobenen Gemäuer kann jeder diesem Mythos nachgehen und die Burg auf ihr Gruselpotenzial hin prüfen. Hinauf führt ein schmaler und sehr steiler Steig, die Himmelsleiter, und das schnurgerade. Angenehmer zu gehen ist der Herrenweg – schon Otto von Bismarck fuhr in einer Kutsche auf diesem Waldweg, von einer Herrenpartie mit dem französischen Gesandten ging es vom Frankenstein zu Tal. Er verläuft in sanfter Steigung über Serpentinen, hin und wieder die Stufen der Himmelsleiter kreuzend. Nach etwa zwei Kilometern meint man die Burg bereits hinter den Bäumen zu erahnen. In Wirklichkeit bleibt sie noch ein Weilchen ver-

Eine der bekanntesten Gruselgeschichten rankt sich um die Burg Frankenstein, die auf 370 Metern Höhe südöstlich des Darmstädter Stadtteils Eberstadt thront. Die Gebrüder Grimm sollen hier im Tal um die Burg nach Stoff für ihre Märchen gesucht haben, als ihnen eine schaudererregende Geschichte zu Ohren kam.

Man munkelte, der Alchimist Johann Konrad Dippel, 1673 auf der Burg Frankenstein geboren, habe aus Leichenteilen und dem Blut von Jungfrauen einen neuen Menschen erschaffen. In einem Brief soll Jacob Grimm von den unheimlichen Vorfällen einer gewissen Mary Jane Clairmont berichtet haben, die keine Geringere als die Stiefmutter von Mary Shelley war. Ob die Autorin auf diesem Wege zu ihrem

Hin & weg: Himmelsleiter und Herrenweg beginnen gleich hinter der Bushaltestelle Frankenbergers Mühle. Da es, außer an der Burg selbst, kaum Parkplätze gibt, empfiehlt sich die Anfahrt mit öffentlichen Verkehrsmitteln. Etwa von Darmstadt mit der Tram 1 bis Eberstadt-Wartehalle. Weiter mit Bus BE 1 bis Frankenbergers Mühle.

Beste Zeit: Besonders eindrucksvoll um Halloween (Infos dazu unter www.frankenstein-halloween.de) oder kurz nach dem Spektakel.

Dauer & Strecke: Etwa 3 Std. für knapp 6 km Auf- und Abstieg und Besichtigung der Ruine.

Ausrüstung: Feste Schuhe.

Um Halloween wird die Burg Frankenstein mit zahlreichen Events zum Epizentrum des Gruselns.

borgen. Aber plötzlich ist sie da, die schaurige Burgmauer, direkt vor einem.

Wer kurz nach Halloween hier unterwegs ist, findet sicher noch Reste von diesem Spektakel – sie verleihen der Ruine noch zusätzlich etwas Gespenstisches. Und wie wäre es nach der Erkundungstour mit »Frankensteiner Raclette« oder dem »kleinen Vampir« im Restaurant der Burg (www.frankenstein-restaurant.de)? Dabei kann man sich wunderbar gegenseitig Gruselgeschichten erzählen …

> **FAZIT: MONSTER, MYTHEN UND DIE MUTTER DES HORRORS, MARY SHELLEY – WILLKOMMEN IM GRUSELKABINETT!**

HOLLYWOOD UNTERM STERNENHIMMEL

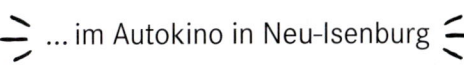

... im Autokino in Neu-Isenburg

#11

Es folgt der wohl beste Grund, sich den fahrbaren Untersatz mal wieder für eine Grundreinigung vorzunehmen und besonders die Scheiben zum Glänzen zu bringen. Denn im ältesten Autokino Deutschlands warten filmreife Nächte.

In Reih und Glied stehen sie Schlange. Golfs, Fiestas und Octavias – und mit etwas Glück hat sich sogar ein pastellfarbener Chevrolet mit Haifischflossen eingereiht. Schnauze an Heck, bis zum Kassenhäuschen, das an eine Maut-Station erinnert. Dort lockt statt schnöder Quittung und der Erlaubnis weiterzufahren hier etwas viel Besseres: die Aussicht auf besonderen Filmgenuss.

Halbmondförmig versammeln sich die Fahrzeuge vor der Leinwand, bevor in wenigen Minuten die Vorschau flimmert. Zum vollendeten Kinoerlebnis gehören nun noch Popcorn, Eis und Limo. Das gibt's in der Snackbar im Stil eines amerikanischen Diners mit Filmplakaten an den Wänden und Stühlen mit rotem Kunstlederbezug. Am meisten Ver-

gnügen bringt das Autokino vermutlich in einem schicken Cabrio sitzend. Aber auch ein Kombi eignet sich hervorragend. Entgegen der Fahrtrichtung geparkt, kann man es sich mit Decken und Kissen auf der Ladefläche gemütlich machen. Snacks und Getränke stehen bereit – dann nur noch die Frequenz für

Hin & weg: Von Frankfurt über die B 3 und die A 661 Richtung Neu-Isenburg. Die Adresse fürs Navi lautet: »Außenliegend Autokino«.

Beste Zeit: Zu jeder Jahreszeit toll. Im Winter können Heizlüfter gegen Pfand geliehen werden. Das Programm gibt's unter: www.autokinogravenbruch.de

Dauer: Etwa 3 Std.

Ausrüstung: Ein fahrbarer Untersatz und kuschlige Utensilien.

Film ab im Autokino Gravenbruch. Ein Erlebnis,
wie gemacht für laue Sommerabende.

den Ton im Autoradio einstellen, und es heißt:
Film ab!

Oder bleibt noch ein wenig Zeit, bis die Vor-
stellung beginnt, und der oder die Angebetete
sitzt neben einem? Umso besser – dann gibt's
wohl nur eins zu tun: Knutschen! Denn die romantische Stimmung, die hier in der Luft liegt,
ist nicht zu unterschätzen. Mit dem Sternenhimmel über den Köpfen ist das Autokino nicht
zu vergleichen mit dem Indoor-Cinema – und
auch der Kampf um die Armlehne bleibt aus.

Auf zwei Leinwänden bietet das Autokino
Gravenbruch in Neu-Isenburg, das anno dazumal das allererste seiner Art in Deutschland
war, ein wechselndes Kinoprogramm aus
Klassikern der Filmgeschichte. Zum Beispiel
das Kultmusical »Grease«. Ein Vorteil – oder
Nachteil, wie man es nimmt – gegenüber dem
klassischen Kino ist, dass im Autokino Ge-
plauder zwischendurch erlaubt ist, genau wie
lautstarkes Mitträllern. Bei »You're the one
that I want« – das große Finale des Musik-
films, bei dem sich die weibliche Hauptrolle
von der braven Sandy zum verruchten Vamp
verwandelt – singen sich die Gäste in einem

kollektiven »Oo-oo-oo, Honey« in Euphorie ...
das noch immer anhält, wenn auch das letzte
Scheinwerferleuchten verschwindet.

53

Das Eis

Himmlisch Himbeer

Feine Erdbeere

MUSIK, KUNST, KAFFEE

≥ ... am Hafen 2 in Offenbach ≤

#12

So viel gibt es hier zu entdecken, auf dem Gelände des Hafen 2 am nördlichsten Zipfel Offenbachs. Einen ganzen Kulturkosmos. Allerlei Künstlerisches, Köstliches im Café und sogar einen kleinen Heidschnucken-Streichelzoo.

29	LEAVE NO TRACE
05	STYX*
06	FLORIDA PROJECT
11	WIND RIVER
12	HÖHERE GEWALT
19	LAZZARO FELICE
20	BLAKKKLANSMAN
25	NANOUK
26	WACKERSDORF
03	FUR COATS
14	ELIZA RICKMAN
21	SISTERS
27	RUE ROYALE
28	MOTOPONY

Wunderbar bunt und lässig ist die Atmosphäre am Hafen 2. Da fühlen sich auch die Heidschnucken pudelwohl.

Der Hafen 2 in Offenbach versteht sich als interdisziplinäre Plattform. Auch wenn das Kulturzentrum mit seiner »Latte-Kunst« auf den Cappuccini und mit den Plakaten an den Wänden, von denen einem Indie-Bands entgegenblicken, eine regelrechte Hipster-Aura umgibt: Wer einmal dort war, weiß, dass es hier um mehr geht als nur darum, eine Prise Berlin-Kreuzberg ins Rhein-Main-Gebiet zu bringen.

Die Gäste empfängt ein Banner mit den darauf gesprayten Worten »Keine Mauer um Europa«. Kunst und Kultur ist hier auch immer politisch. Alles wirkt ein wenig improvisiert. Jeder ist eingeladen, sich auf Entdeckungstour zu begeben. Bei den Heidschnucken vorbeizuschauen, die im Schatten eines Zirkuspavillons dösen, im offenen Bücherschrank nach neuem Lesestoff zu stöbern – mit dem Schmöker kann man es

sich direkt in einem der Liegestühle gemütlich machen. Oder einfach den vorbeischippernden Kähnen zuzusehen. Davor wirft man natürlich noch einen Blick ins Café und insbesondere in die Kuchenvitrine. Je freundlicher das Wetter, desto größer die Auswahl. Auch Herzhaftes wie hausgemachte Suppen, Quiches und Brezeln sind auf der Speisekarte zu finden.

Wer bis zum Nachmittag oder sogar in die frühen Abendstunden bleibt, erlebt Performance-Kunst, alternative Klänge oder ausgewählte Filme im Programmkino. Dabei öffnet der Hafen 2 bereits im Februar seine Pforten und bietet Veranstaltungen en masse und für jede Fasson, und das bis in den November hinein.

Schwer wird das Herz, wenn sich das letzte Event des Jahres dem Ende neigt. Denn das

bedeutet, die Winterpause ohne Hafen 2 überbrücken zu müssen. Doch Vorfreude ist ja bekanntlich die schönste Freude – auf ganz viel Austausch und Inspiration im nächsten Jahr.

FAZIT: BEGEGNUNGSSTÄTTE UND ERHOLUNGSWIESE FÜR GROß UND KLEIN.

Hin & weg: Von der S-Bahn-Station Offenbach Kaiserlei sind es 12 Gehminuten bis zum Hafen 2.

Beste Zeit: Februar–November. Das bunte Veranstaltungsprogramm findet man auf www.hafen2.net. Das Café ist ab mittags geöffnet.

Dauer: 1 Std. für ein kurzes Kaffeepäuschen zwischendurch, bis zu 3 Std. für Veranstaltungen.

Ausrüstung: Lust auf Kunst und Kaffee.

BARFUß AUF LEOPARDEN-SUCHE

... im Mainzer Sand

Man könnte meinen, man streift durch die Savanne Ostafrikas ... und nach wenigen Schritten ertappt sich manch einer dabei, wie er den Blick Richtung Baumkronen richtet – und Ausschau nach Leoparden hält.

Bei diesem Exemplar handelt es sich zwar nicht um einen Leberwurstbaum, wie sie in der Serengeti wachsen, trotzdem spendiert die Natur am Mainzer Sand Afrika-Feeling pur.

Der Mainzer Sand ist ein echter Geheimtipp. Nur wenigen ruhesuchenden Naturliebhabern begegnet man hier. Die meisten zieht es in den angrenzenden Lennebergwald. Dabei gibt es nur einen Katzensprung entfernt eine Pflanzenwelt zu bestaunen, die in Mitteleuropa einzigartig ist. Ein Relikt der nacheiszeitlichen Steppenlandschaften, die vor 9000 Jahren weite Teile Mitteleuropas überzogen.

Besucher werden von einem Weg aus puderzuckerfeinem Sand empfangen. Dieser Anblick schreit geradezu danach, sich seiner Schuhe zu entledigen und barfuß weiterzugehen. Oder zumindest für einen Moment die Zehen in dem feinen Untergrund zu verbuddeln. So ein Spaziergang im Mainzer Sand ruft Urlaubsgefühle wach, und mit etwas Fantasie vermutet man hinter der nächsten Anhöhe das Meer.

All diejenigen, die diesem Wunder der Natur nicht zum ersten Mal einen Besuch abstatten, verlangsamen beim Ankommen ganz unweigerlich ihre Schritte. So zieht man die knapp zwei Kilometer des Rundweges doch noch etwas in die Länge und kostet dieses besondere Naturerlebnis vollständig aus. Meter für Meter. Früh am Morgen ist dieser Ort besonders

Hin & weg: Ab Mainz Hbf West/Taubertsbergbad mit Bus 6 bis An der Krimm.

Beste Zeit: Das ganze Jahr über reizvoll, besonders zur goldenen Stunde.

Dauer & Strecke: 0,5–1 Std. (je nachdem, wie oft man stehen bleibt, um Flora und Fauna zu bestaunen) für knapp 2 km.

Ausrüstung: Hobbyfotografen sollten ihre Kamera nicht vergessen.

Über sandige Pfade spazieren und den Blick auf die kleinen Wunder der Natur entlang des Weges richten – besonders herrlich in den Abendstunden, wenn die Sonne die Landschaft in goldenes Licht taucht.

magisch – oder dann, wenn der Tag sich dem Ende neigt. Die Abendsonne präsentiert jetzt ihre facettenreichen Lichtspiele und verleiht der Landschaft einen goldenen Schimmer. Die Kartäusernelke und die Steppen-Wolfsmilch wachsen hier. Märchenhafte Waldabschnitte grenzen an baumlose Graslandschaften, dazwischen schlängeln sich schmale Pfade.

Wer am Ende des Weges noch nicht genug hat vom Mainzer Sand, der geht noch eine zweite Runde – und dabei nicht vergessen, die Baumkronen nach Leoparden abzusuchen!

FAZIT: WER EINMAL KOMMT, WILL DIESES FLECKCHEN EINZIGARTIGE NATUR IMMER WIEDER UND ZU JEDER JAHRESZEIT ERLEBEN.

WALDBADEN

... im Rüsselsheimer Waldschwimmbad

#14

Was in Fernost bereits als Therapieform besteht, funktioniert auch wunderbar in unseren Breiten: Waldbaden. Und das nicht nur im ursprünglichen Sinne, sondern auch ganz wörtlich gemeint – zumindest bei diesem Ausflug.

#badeninPfefferminz #abtauchen #Sommerfreuden #PommesSchranke #PoolimWald

Abtauchen im Waldschwimmbad in Rüsselsheim.

➔ ABSTECHER

In den Wald eintauchen, mit allen Sinnen. Sich von der wohltuenden Atmosphäre einnehmen lassen. Den Geist erden und wie nach einer Meditation vollkommen entspannt nach Hause zurückkehren. Das meint die japanische Tradition, das »Wald(luft)bad«, eigentlich. Von Wasser und Schwimmen ist mit keiner Silbe die Rede. Was passiert aber, wenn wir den Wald mit dem tatsächlichen Baden kombinieren?

Die Sinne werden noch einmal mehr stimuliert, sobald wir in den Waldsee eintauchen. Vom Ufer führt eine Treppe mitten durchs Schilf ins kühle Nass, das weder tiefblau noch glasklar ist. Die Farbe des Sees erinnert eher an einen gut durchgezogenen Pfefferminztee.

Nach ein paar Zügen durch das Wasser begegnet man schon Enten, die das Gleiche

tun, und Libellen schwirren einem knapp über dem Kopf.

Frisch und vitalisiert fühlt sich, wer nach einem ausgiebigen Bad ans Ufer zurückkehrt. Zwischen den Bäumen lädt das Handtuch zum Dösen ein. Die Sonne blinzelt durch die Baumkronen und trocknet die Wasserperlen auf der Haut.

So kann man den Wald also auch erleben. Keine fünf Kilometer vom Opel-Werk entfernt, für das Rüsselsheim so bekannt ist. Vielleicht liegt es an seinem Ruf als Industriestadt, dass sich die Menschenmassen im Sommer eher am überfüllten Langener Waldsee tummeln. Dabei hat das Waldschwimmbad in Rüsselsheim doch mehr als genug Potenzial, um seine

Besucher ins Schwärmen zu bringen. Wer sich eigentlich nur für einen Vormittag dem Waldbaden hingeben wollte, beschließt vielleicht, doch noch etwas länger zu bleiben. Die Hausarbeit wartet sicher bis zum Abend.

Vielleicht später noch eine Runde um den See spazieren und Tannenzapfen sammeln. Zur

Hin & weg: Vom Rüsselsheimer Bahnhof mit Bus 51 bis A.-von-Menzel-Straße. Von dort sind es 10 Gehminuten bis zum Eingang des Waldschwimmbads.

Beste Zeit: Hochsommer.

Dauer & Strecke: Ab 3 Std. Oder bis die Sonne hinter den Baumwipfeln verschwindet.

Ausrüstung: Handtuch und Badesachen, etwas Geld für den Eintritt.

Grün, grüner - pfefferminzfarben. Friedlich liegt er da, der See des Rüsselsheimer Waldschwimmbads. Unter den hohen Bäumen findet man im Hochsommer ein schattiges Plätzchen.

Mittagszeit der Dame am Imbissstand einen Besuch abstatten und sich eine Portion Pommes rot-weiß genehmigen. Oder vielleicht ein Eis? Warum eigentlich »oder«? Hallo, du herrliche Sommerzeit!

FAZIT: DIE RUHE GENIESSEN, SOLANGE ES NOCH MÖGLICH IST. NOCH IST DAS WALD-SCHWIMMBAD EIN ECHTER GEHEIMTIPP!

BÄREN BEIM BADEN

≥ ... in der Fasanerie Wiesbaden ≤

#15

Einst von Fürst Karl von Nassau-Usingen für seine Fasanenzucht gegründet, ist der Tierpark im Wiesbadener Stadtwald heute ein beliebtes Ausflugsziel. Hier können Besucher Tierarten beobachten, die an unsere klimatischen Bedingungen gewöhnt sind – und das für umme.

Gemächlich tapst der Bär über die glatten Steine zum Wasserloch und gleitet mit einem Platschen hinein ins kühle Nass. Von einer Plattform hat man einen guten Blick in das Gehege. Eines ist sicher: Wer Kinder dabeihat, bekommt sie kaum noch vom Geländer weg, so gebannt schauen sie zu. Wie der Braunbär sein dichtes Fell ausschüttelt – und die Wassertropfen fast bis zu ihnen auf die Veranda spritzen.

Zusammen mit ihren Artgenossen zählen die beiden Braunbären zu den Stars der Wiesbadener Fasanerie im Nordwesten des Stadtwalds. Sie teilen sich ihr 2,5 Hektar großes, naturbelassenes Gehege mit dem Wolfpärchen Loki und Isolde.

Auf dem Weg zu den Bären kommt man auf dem Rundweg vorbei an Kaninchen, Ziegen, Schafen und Hausschweinen. Und weiter geht es zu den Wisenten, den europäischen Bisons. Die zotteligen Rinder sind nicht etwa aus Nordamerika immigriert. Bis ins frühe Mittelalter streiften Wisente noch in großer Zahl durch die »Urwälder« Europas. Die sanften Riesen waren akut vom Aussterben bedroht, und in den 1920er-Jahren wurde dann auch der letzte wild lebende Wisent erlegt. Aus

Hin & weg: Mit Bus 33 erreicht man die Fasanerie vom Wiesbadener Hauptbahnhof in etwa 20 Min. Aussteigen an der Haltestelle Tierpark Fasanerie.

Beste Zeit: Zu jeder Jahreszeit ein Erlebnis! Öffnungszeiten unter: www.fasanerie.net

Dauer & Strecke: Etwa 2 Std. für den Rundweg von 1,7 km.

Ausrüstung: Bequeme Schuhe und etwas Kleingeld für die Futtertüte.

Auf Spurensuche – vorbei an Wölfen und Bären und den gutmütigen Wisenten. Die Europäischen Bisons waren akut vom Aussterben bedroht. Die Tiere gelten noch immer als gefährdet, ihr Bestand ist aber deutlich gestiegen.

dem Bestand von zwölf Tieren, die zu dieser Zeit in Zoos und Parks lebten, wurde also gezüchtet ... und gezüchtet ... und heute gibt es wieder rund 4000 Europäische Bisons. Davon lebt etwa die Hälfte in freier Wildbahn in Polen und Weißrussland.

Über eine Anhöhe führt der Pfad weiter durch das Gelände. Vorbei am Gehege der Luchse und weiter an einem mit Wildschweinen, Rehen, Rot-, Muffel- und Damwild – Letztere sind besonders zutraulich. Schon fast wieder am Ausgangspunkt der Runde erwarten einen die Teich- und Stelzvögel.

Der Magen knurrt und die Wasserflasche ist schon seit dem Bärengehege leer? Dann lockt vielleicht noch ein Besuch im angrenzenden Biergarten oder im Restaurant des Jagdschlosses (www.jagdschlossfasanerie.de).

FAZIT: WER KANN SCHON NEIN SAGEN ZU STUPSENDEN HIRSCHNÜSTERN UND GUTMÜTIGEN WISENTEN?

SUNDOWNER SYMPHONY

 ... in Heidenfahrt

#16 *Wo man die mitunter schönsten Sonnen-untergänge im Rhein-Main-Gebiet bewundern kann? Zwischen Mainz und Ingelheim lässt es sich entspannt am Wasser entlangspazieren. Oder man macht es sich bequem und schaut zu, wie der Himmel sich in den schönsten Pastelltönen färbt. Und als Krönung gibt's sinnliche Hintergrundmusik.*

Man stelle sich einen der letzten Sommerabende am Wasser vor. In die Baumkronen
mischen sich bereits die ersten Herbsttöne,
die Luft ist frisch und die Farben am Himmel geben noch einmal ein gebührendes
Abschiedskonzert. Wenn sich dann noch die
sanften Klänge eines Harfenisten in die Szenerie mischt, sitzt man nicht etwa auf einer
italienischen Piazza, sondern ganz schlicht am
Rhein in Heidenfahrt im nördlichen Rheinhessen. Südwestlich der Königsklinger Aue liegt
der Ortsteil Heidenfahrt. Vom Parkplatz am

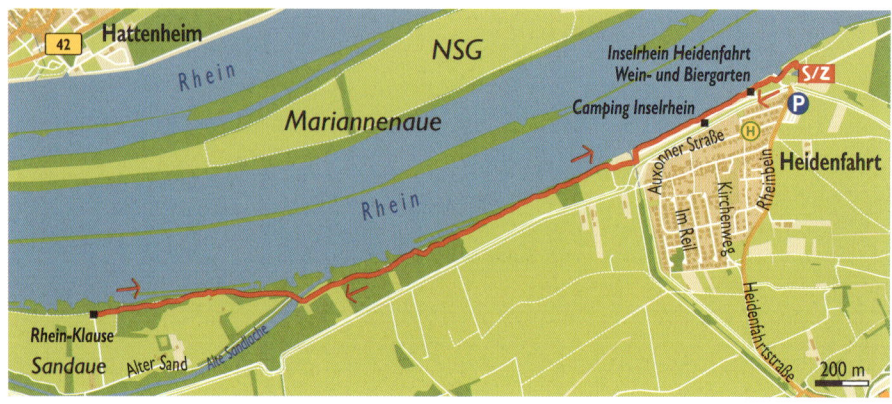

Fernweh stillen mit Rheinblick. Das gelingt besonders gut zwischen Mainz und Bingen, in Heidenfahrt.

Ortsrand der Gemeinde schlendert man nur wenige Schritte bis an den Fluss. Rechter Hand liegt ein beliebtes Plätzchen. Zur warmen Jahreszeit tummeln sich hier unzählige Sonnenanbeter. Umso schöner, wenn man es jetzt ganz für sich hat – und falls nicht: einfach weitergehen und schauen, was kommt.

Links spaziert man einen schmalen Pfad am Wasser entlang, vorbei an einem Campingplatz. Weiter geht es – stets dem Rhein ganz nah. Obstplantagen wechseln sich ab mit urwüchsigem Schilf. Dazwischen immer wieder kleine einsame Buchten. Lauschige Plätze am Rheinufer, geradezu perfekt für frisch Verliebte. Fast schon paradiesisch. Wer kommt da nicht ins Schwärmen!?

Nach etwa drei Kilometern ist die Rhein-Klause erreicht, die sonntags von März bis November geöffnet hat (www.rhein-klause.de). Im Sommer sitzt man gemütlich im Biergarten, an kalten Tagen im urigen Innenraum und wärmt sich am Kamin.

Zurück geht es auf selber Strecke bis zum Inselrhein Heidenfahrt Wein- und Biergarten hinter dem Campingplatz. Der Spätsommertag neigt sich mittlerweile dem Ende. Auf der Wasseroberfläche spiegeln sich pinkfarbene Zuckerwattewolken. Der richtige Moment, um sich gebührend vom Sommer zu verabschieden und die letzten Monate mit all den kleinen und großen Freuden Revue passieren zu lassen. Adieu, du wundervoller Sommer! Hereinspaziert, lieber Herbst!

FAZIT: EINE PRISE URLAUB FÜR ZWISCHENDURCH.

Hin & weg: Mit der RB 26 oder RB 33 von Mainz oder Bingen bis zum Bahnhof Heidesheim. Von hier geht es in ungefähr 25 Min. zu Fuß bis Heidenfahrt.

Beste Zeit: Abendstunden an sonnigen Tagen. Wer in den Genuss von musikalischer Unterhaltung kommen möchte, schaut am besten auf www.facebook.com/inselrhein

Dauer & Strecke: 1,5–2 Std. für den Spaziergang von rund 6 km. Anschließend nach Belieben den Abend am Wasser ausklingen lassen.

Ausrüstung: Mückenspray.

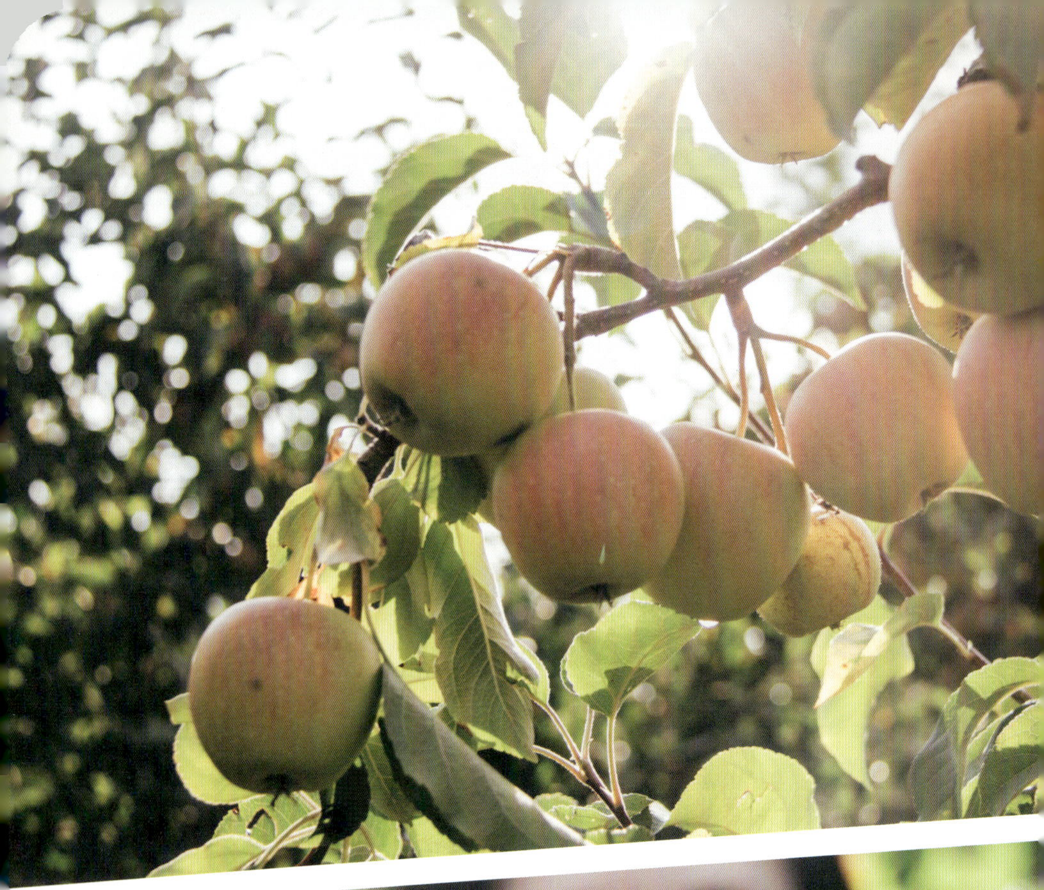
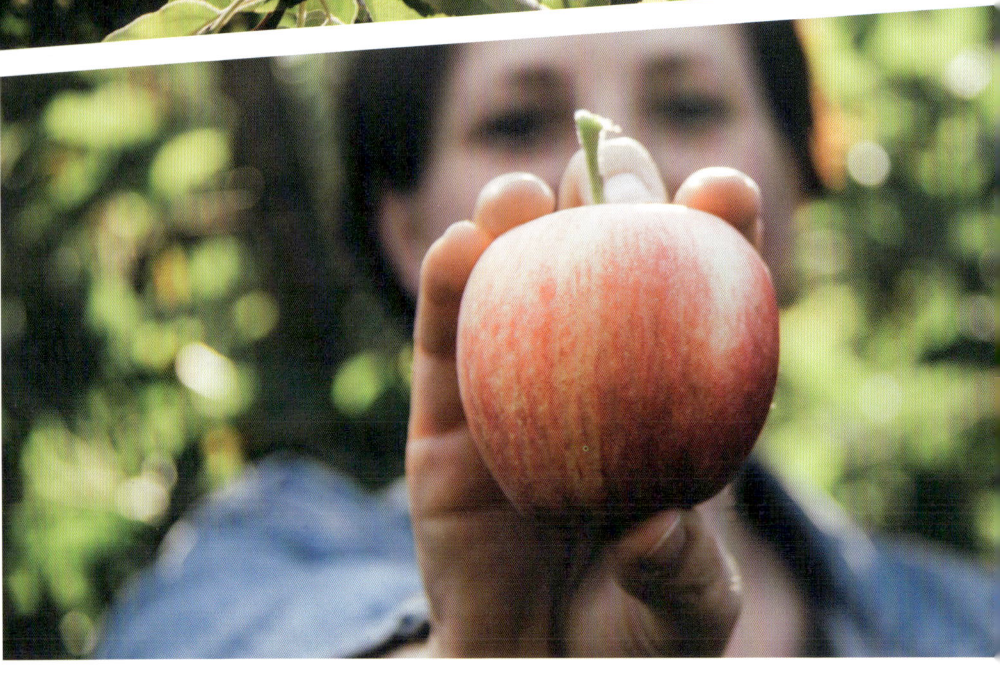

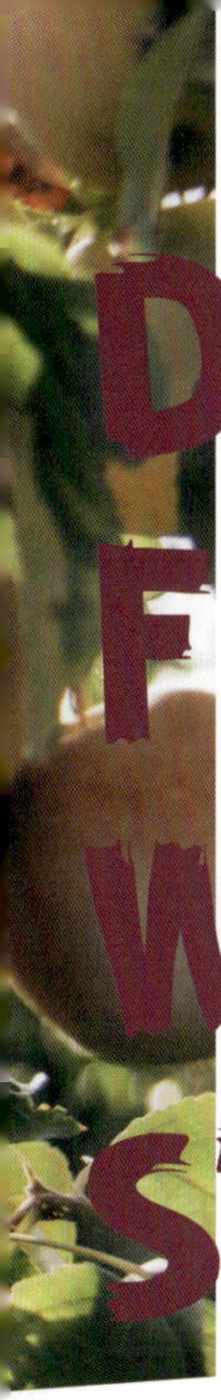

→ ABSTECHER ...

DER APFEL FÄLLT NICHT WEIT VOM STAMM

≥ ... in Mainz-Marienborn ≤

#17

Vom Ast direkt in den Mund. Zahlreiche Apfelhöfe in der Region laden ab August zum Selbstpflücken ein. Da kehrt jeder mit voller Kiste nach Hause zurück. Die Früchte werden zu herrlichen Kuchen gebacken – oder warum nicht die Freunde mal wieder zum Apfel-Raclette einladen?

um die Raclette Saison einzuläuten und zur Abwechslung eine eher unkonventionelle, süße Variante zu versuchen.

Apfel-Raclette

Statt Kartoffeln Äpfel in schmale Spalten schneiden.
Einfach diese Apfelschnitze fächerartig ins Pfännchen legen – als Basis sozusagen.
Darauf kommt ein Klecks Crème fraîche, dazu Walnüsse, gehackte Datteln und Granatapfelkerne.
Nun mit einer Prise Zimt und Zucker würzen – und etwa zehn Minuten im Pfännchen braten.
Derweil das nächste zubereiten ... oder Rohkost naschen ...

Die Protagonisten dieser simplen, aber köstlichen Speise erntet man am besten selbst beim Obsthof seines Vertrauens. In Mainz-Marienborn empfängt zum Beispiel der Familienbetrieb Appel Happel Selbstpflücker von Mitte August bis Ende Oktober. In heißen Jahren stehen die Bäume bereits früh in voller Frucht. Je nach Zeitpunkt bieten sich unterschiedliche Sorten zum Pflücken an: Delba und Santana sind zuerst reif, und welche als

Es ist einer der ersten herbstlichen Tage des Jahres. Die Sandalen werden gegen festes Schuhwerk eingetauscht, die kühlere Jahreszeit beginnt und mit ihr die Lust auf gemütliches Beisammensein. Der richtige Moment,

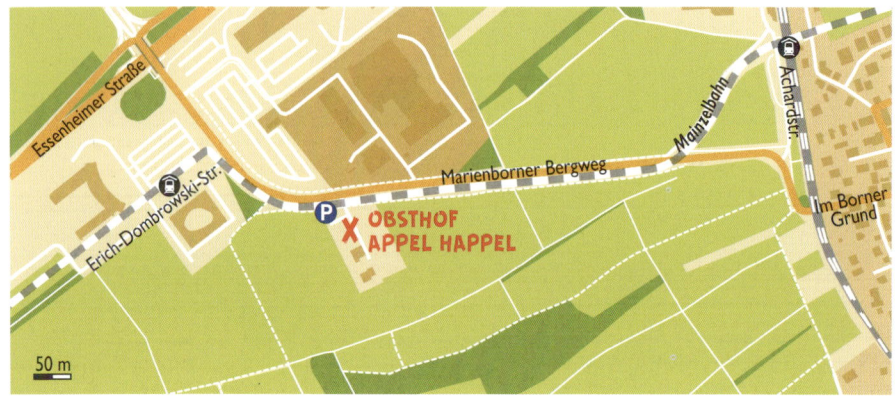

Vom Baum in die Kiste und wenig später in den Mund - oder ins Raclette-Pfännchen. Im Rhein-Main-Gebiet laden viele Obstbauern gleich vor der Haustür zum Selbstpflücken ein.

Nächste folgt, wissen die Mitarbeiter vor Ort – und die Schautafeln direkt im Gelände.

Bevor es zum Pflücken auf die Plantage geht, meldet man sich im Bauernladen an. Hier können zudem Apfelsorten probiert werden. Mit Kiste oder Schubkarre heißt es dann ab auf das angrenzende Feld! An einer Tafel ist nachvollziehbar, in welcher Reihe die einzelnen Sorten zu finden sind und wann welche Äpfel reif sind.

Neben dem klassischen Selbstpflücken veranstaltet Appel Happel auch verschiedene Events rund um das Thema Obst. Beim Nachtpflücken etwa, mit kulinarischen Spezialitäten und über dem Lagerfeuer gebackenem Stockbrot, wird die Apfelernte zu einem ganz besonderen Ereignis.

FAZIT: HERRLICH UNAUFGEREGTE ESKAPADE, ABGERUNDET MIT EINEM BESONDEREN GAUMENSCHMAUS.

Hin & weg: Vom Mainzer Hauptbahnhof mit der Straßenbahnlinie 51 oder 53 bis Mainz-Marienborn VRM.

Beste Zeit: Je nach Saison ungefähr zwischen Mitte August und Ende Oktober. Mehr Informationen zu Veranstaltungen und Terminen auf www.appel-happel.de/selbstpfluecken

Dauer: Etwa 1 Std.

Ausrüstung: Korb oder Kiste.

SEELE-BAUMELN FÜR ANFÄNGER

⋛ ... in Maintal-Bischofsheim ⋚

#18

Rings um das beschauliche Maintal-Bischofsheim finden stadtmüde Seelen dichten Wald und friedliche Gewässer. Ein meditativer Feierabendspaziergang mit beruhigenden Ausblicken.

Meditativ und entspannend ist es rund um den Gänseweiher. Da verliert sogar so manches Reh an Scheu.

Wasserflöhe hüpfen über den Weiher. Herrlich, dieses abgeschiedene Fleckchen. Genau richtig für glückselige Momente im Grünen.

Die Strecke führt weiter entlang eines Waldweges. Das Licht bricht durch die Baumkronen. Die Eicheln knacken unter den Füßen. Füße – das Stichwort für die nächste Station dieses meditativen Spaziergangs. Dort, wo sich der Wald schon wieder etwas lichtet, steht man unter freiem Himmel und kraxelt über Treppenstufen auf eine Anhöhe.

Pssst! Da! Dort drüben, zwischen den Eichen. Tatsächlich, im dichten Unterholz liegt ein Reh auf einem Bett aus Laub. Nach einem kurzen Moment der aufmerksamen Beobachtung schreckt es auf, springt quer über den Forstweg und verschwindet im Wald. Hier draußen können Spaziergänger auf leisen Sohlen so ein seltenes Entdeckerglück durchaus haben.

Vom Feschenheimer Weg in Maintal-Bischofsheim sind es nur wenige Meter, bis man selbst in die Botanik eindringt. Erstes Highlight auf diesem entspannten, knapp sechs Kilometer langen Rundweg ist der Gänseweiher, ein beliebter Spot bei Anglern. Auch dem Spaziergänger zeigt sich vielleicht ein Fisch, springt mal eben durch die Luft – und nur einen Moment später ist die Wasseroberfläche wieder spiegelglatt. Libellen schwirren vorüber und

Ein paar achtsame Stadtplaner haben erkannt, dass jeder mal einen Ort für sich braucht, wo er mit seinen Gedanken allein ist und die Seele baumeln lassen kann. Sie haben hier oben eine sogenannte Baumelbank aufgestellt, und zwar so gut versteckt, dass die meisten Ausflügler einfach weiterspazieren; außer die Eingeweihten, die wissen, was sich dort verbirgt. Die Sitzfläche der Baumelbank ist so hoch,

Hin & weg: Mit der U 4 von Frankfurt-Hauptbahnhof nach Frankfurt-Enkheim. Weiter mit Bus MKK 23 oder 25 nach Maintal-Bischofsheim/Hochstraße.

Beste Zeit: Tut immer gut. Herrlich im bunten Herbst oder sobald im Frühling die ersten Blätter an den Bäumen sprießen. Reizvoll aber auch an einem klirrend kalten Wintertag, wenn der Weiher von einer Eisfläche bedeckt ist.

Dauer & Strecke: Etwa 2 Std. für knapp 6 km.

Ausrüstung: Bequeme Schuhe.

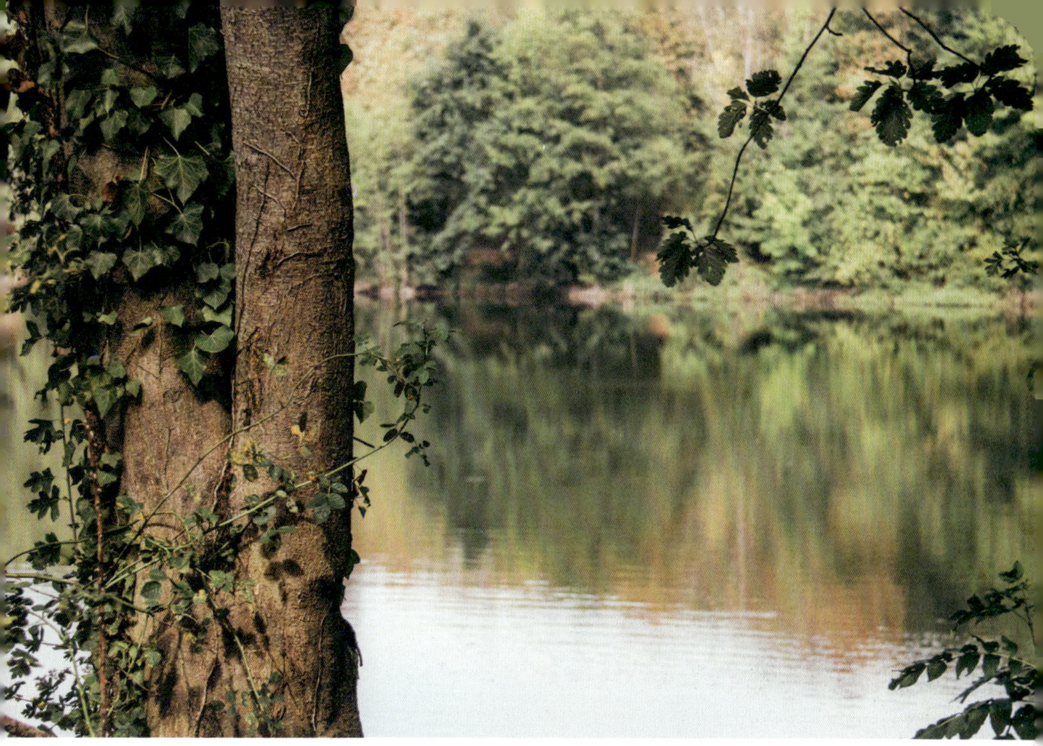

dass man mit den Füßen nicht den Boden erreicht, – und somit ganz automatisch beginnt, mit den Beinen zu schwingen. Und das ist bei dem herrlichen Blick über den malerischen Riedteich, auf dem sich Enten und Gänse treiben lassen, besonders entspannend.

FAZIT: DER PERFEKTE ABSTECHER, UM IN DER RUHE DER NATUR ZU VERSINKEN UND DEN GEDANKEN EINMAL FREIEN LAUF ZU LASSEN.

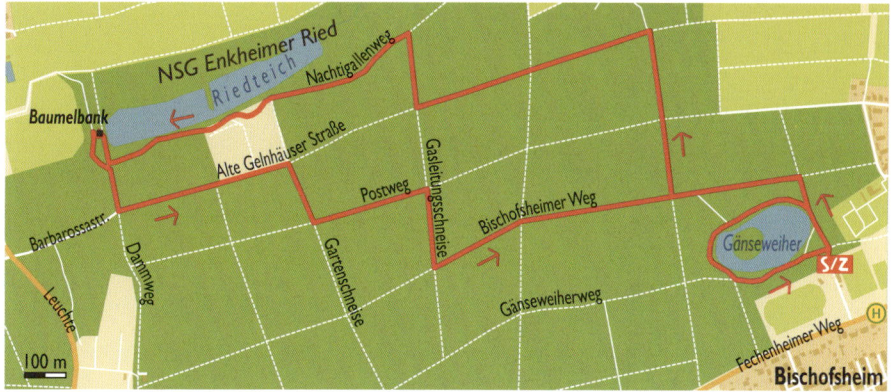

INSEL–WELTEN

≥ … Entdeckungstour im Europareservat Kühkopf ≤

#19

Umarmt von Rhein und Altrhein mag die Kühkopf-Knoblauchsaue aus der Luft betrachtet mit viel Fantasie wie ein Kopf aussehen. Fest steht: Der eigene Kopf ist nach einem Streifzug durch die urwüchsige Auenlandschaft im Hessischen Ried vollkommen frei.

Zusammen mit der Knoblochsaue bildet die Rheininsel Kühkopf ein insgesamt 2440 Hektar großes Naturschutzgebiet. Über zwei Brücken erreicht man diese Oase, die geprägt ist von Schilfmeeren, Kopfweiden und einer urwaldartigen Flora mit Schlingpflanzen und Lianen. Die Insel ist unbebaut, einzig ein ehemaliges Jagdhaus aus dem 17. Jahrhundert, das Hofgut Guntershausen, hat hier auch heute noch seinen Platz – eine Bürgerinitiative hat das historische Gebäude vor dem Abriss gerettet. Im Inneren des Backsteinhauses findet man heute das Umweltbildungszentrum Schatzinsel Kühkopf mit Ausstellungen über das schützenswerte Gefilde.

Auf über 60 Kilometer Wanderwegen führen gleich mehrere ausgeschilderte Rundwege durch diesen heimischen Urwald. Ein guter

Startpunkt ist der Parkplatz an der Altrheinbrücke in Stockstadt. Je nach Zeit und Muße wählt man von hier den Weißstorchweg (4,5 Kilometer), den Nachtigallenweg (7,5 Kilo-

---

Hin & weg: Vom Bahnhof Stockstadt am Rhein sind es etwa 10 Gehminuten bis zur Altrheinbrücke. Von der anderen Rheinseite kann man mit der Fähre von Guntersblum übersetzen.

Beste Zeit: Nicht so sehr die Jahreszeit, sondern vielmehr der richtige Wasserstand macht diese Eskapade aus. Also bestenfalls weder bei Niedrigwasser, noch bei starkem Hochwasser losziehen.

Dauer & Strecke: Je nach Rundweg 1,5–4 Std. und zwischen 4,5 und 16,3 km. Im Plan eingezeichnet ist der Nachtigallenweg mit einem kleinen Schlenker: 8,7 km. Infos zum digitalen Erlebnispfad: www.schatzinsel-kuehkopf.hessen.de

Ausrüstung: Bequemes Schuhwerk, ein Fernglas und Mückenschutzmittel.

Das altehrwürdige Gebäude des Hofguts Gunterhausen wurde von einer Bürgerinitiative vor dem Abriss gerettet.

meter), den Fasanenweg (9,8 Kilometer) oder den Haubentaucherweg (16,3 Kilometer). Wer über einen guten Orientierungssinn verfügt, spaziert intuitiv und einfach der Nase nach über die Kühkopfinsel.

Das Areal lässt sich auch wunderbar interaktiv entdecken: einfach das Smartphone zücken und sich über die Insel bewegen: An 14 Stelen des Lehrpfades gehen Natur und Technik eine gelungene Symbiose ein und vermitteln Wissenswertes per QR-Code.

Aber auch ohne Handy können Ruhesuchende die Besonderheit des Kühkopfs erfahren. Auf dem Dammweg geht es durch die unberührte Auen- und Waldlandschaft.

Wer im Herbst unterwegs ist, sieht die Blätter von den Bäumen wirbeln und auf einen dichten bunten Teppich niedergleiten. Immer wieder zwitschert und quakt es von den hohen Bäumen und aus dem Unterholz. Die Rheininsel dient zahlreichen bedrohten Tier- und Pflanzenarten als wichtiger Lebensraum. Regelmäßiger Gast ist zum Beispiel der Fischadler.

Am Ende des Rundweges durch das einzigartige Biotop angelangt, sollte man nicht vergessen, nochmal tief ein- und auszuatmen, bevor es über die Brücke aus dem Urwald zurück in die Zivilisation geht.

FAZIT: EIN WAHRES ELDORADO, NICHT NUR FÜR ORNITHOLOGEN.

SONNTAGS-SPAZIER-GANG

 … im Mönchbruch bei Mörfelden-Walldorf

#20

Etwas verstaubt und spießbürgerlich kam er jedes Mal daher, der sonntägliche Spaziergang mit der Familie im Anschluss an die Schlemmerei, damals bei Oma. Dabei hat dieses wohltuende Ritual zum Ausklang des Wochenendes durchaus seine Berechtigung. Zeit für einen Imagewechsel!

Gleich zu Beginn des Rundweges empfängt das herrschaftliche Jagdschloss die Ausflügler.

Zunächst spaziert man vorbei an dem herrschaftlichen Jagdschloss, das der Landgraf von Hessen-Darmstadt, Ernst Ludwig, im 18. Jahrhundert bauen ließ, um sich seiner Leidenschaft zu widmen: der Jagd. Wenig später erreicht man den Aussichtsturm, von dem aus, mit etwas Glück, erste Tiere zu erspähen sind.

Nun teilen sich die Wege. Wer den Pfad linker Hand einschlägt, vernimmt schon kurz darauf das Schnattern der Enten vom nahe gelegenen Mönchsbruchweiher. Auch Nutrias, Biberratten, lassen sich hier gern durchs Wasser treiben – wer kann es ihnen verdenken. Neugierig sind sie. Oft klettert eine ans Ufer und beäugt die vorbeikommenden Sonntagsausflügler, bevor es weitergeht mit der entspannten Paddeltour.

Allerhand Tierarten kann man hier zu Gesicht bekommen. In dem wenig besiedelten Raum haben sie den idealen Rückzugsort gefunden. Zahlreiche Vogelarten sind im Mönchbruch heimisch, wie der Eisvogel oder der Schwarzmilan. Daneben mindestens sieben Fledermausarten. Auch Damwild kreuzt gerne den Rundweg durch die Wiesen bis in den Wald hinein.

Eine idyllische Umgebung, Sauerstoff in seiner reinsten Form und Wanderwege mit keinen bis kaum spürbaren Höhenmetern. Das sind die optimalen Zutaten, um den Sonntagsspaziergang mit seinen angenehmen Facetten wieder aufleben zu lassen. Umsetzbar ist das vielerorts, bei den meisten schon vor der eigenen Haustür.

Das zweitgrößte Naturschutzgebiet Hessens, der Mönchbruch, hat da aber einen ganz besonderen Reiz. Denn auf der mehr als 900 Hektar großen Fläche sind die Weiher besonders friedlich, die Alleen von auffallender Anmut – und der Kuchen in der Müllerstube ist außerordentlich verlockend. Da kann man auch mal ein Auge zudrücken, wenn ein Flugzeug von der nur wenige Hundert Meter entfernten Startbahn West abhebt.

Den Abschluss bildet die Flaniermeile des Mönchbruchs, die Lindenallee, zurück zum Jagdschloss und zur Müllerstube. Wer der eigenen vier Wände noch immer überdrüssig ist, hakt sich einfach bei der Begleitung unter und dreht noch eine Zugabe durchs Grüne.

Gar nicht selten trifft man am Mönchbruchweiher neugierige Nutrias. Vogelfreunde nehmen das Fernglas mit und halten Ausschau nach Eisvogel und Schwarzmilan.

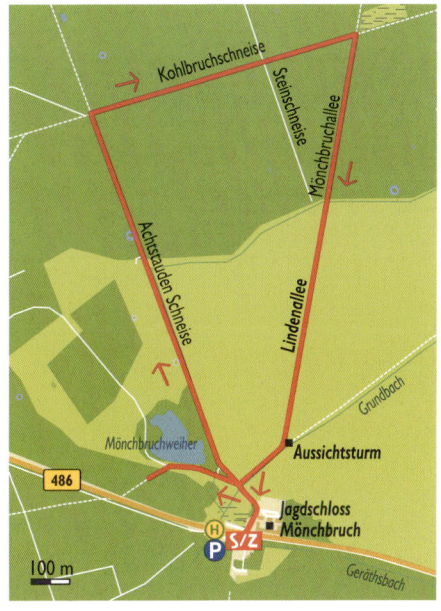

Hin & weg: Vom Rüsselsheimer Bahnhof (Südseite) mit Bus 67 bis Mörfelden-Walldorf Mönchbruch.

Beste Zeit: Ob Sommer oder Winter, ob Morgen- oder Abendstunden. Der Mönchbruch zeigt zu jeder Jahres- und Tageszeit ein neues Gesicht.

Dauer & Strecke: 1,5–2 Std. für 4 km gemütlichen Spazierens.

Ausrüstung: Lust auf frische Luft. Ein Fernglas kann auch nicht schaden.

2. KAPITEL
AUSFLÜGE

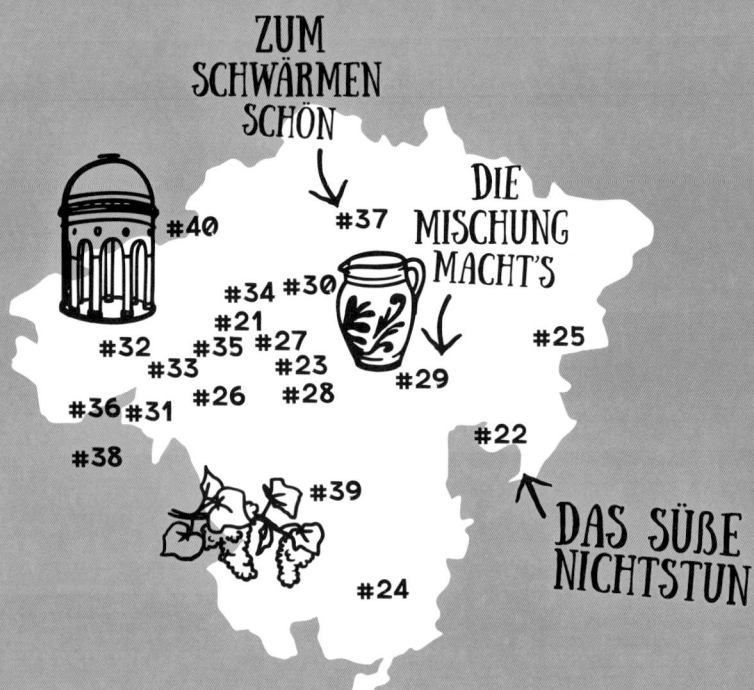

ZUM SCHWÄRMEN SCHÖN

#40

#37

DIE MISCHUNG MACHT'S

#34 #30

#21

#32 #35 #27

#33 #23

#36 #31 #26 #28

#38

#25

#29

#22

DAS SÜSSE NICHTSTUN

#39

#24

Raus für einen Tag

Man nehme einen Rucksack gefüllt mit Proviant, bequeme Schuhe sowie die Aussicht auf ein Erlebnis in der Natur – das ist sie: die Glücksformel für einen gelungenen Tag.

NEULICH IM MÄRCHEN-LAND

 ... Drei-Burgen-Wanderung im Taunus

#21

Es geht durch felsige Wälder und entzückende Altstädte – und: Diese anspruchsvolle Rundwanderung verbindet gleich drei Burgen miteinander, die Burgruine Königstein, die Burg Falkenstein und zum krönenden Abschluss die prächtige Burg Kronberg. Nebenbei jagt ein traumhaftes Panorama das nächste.

An der imposanten Burgruine Königstein (vorige Seite) startet diese märchenhaft schöne Eskapade. Auch Burg Kronberg (oben) ist dabei, ein eindrucksvolles Beispiel mittelalterlicher Baukunst.

Oberhalb der idyllischen Bad Königsteiner Altstadt thront die Burg Königstein – eine der größten Burgruinen Deutschlands. Von hier geht es durch die Altstadt über die Georg-Pingler-Straße zum Kurbad. Von dort steigt man den Burghain Falkenstein hinauf. Kurz

darauf lohnt es sich, nochmal die Abzweigung nach links zu nehmen, denn von einer Aussichtsplattform genießt man einen märchenhaften Blick auf die Burg Königstein. Zurück auf dem Weg, erreichen wir etwa 500 Meter später den Dettweiler Tempel, mit einer aber-

mals fantastischen Aussicht – diesmal hin zur anderen Seite, auf Frankfurt am Main. Weiter geht es auf dem Pfad durch den Baumhain, bis zur Burg Falkenstein. Ohne Zweifel: Diese Wanderung geizt überhaupt nicht mit sagenhaften Fernblicken.

Na, wer errät, was Ausflügler im Hof der Burg Falkenstein erwartet? Ganz genau! Erneut erlebt man hier einen weiten Blick über die Rhein-Main-Ebene. Von der Ruine ist es nun nur noch eine kurze Strecke bergab bis zum Ort Falkenstein. Verwunschene Wege durch den Wald führen weiter über den Kocherfels bis zum Victoria-Tempel, einem Pavillon, den Königin Victoria Ende des 19. Jahrhunderts errichten ließ. Wieder genießt man einen herrlichen Blick auf Frankfurt – zum Glück ist noch Platz auf der Speicherkarte.

Über den Forstlehrpfad erreicht man nun Kronberg. Für diesen Abschnitt lohnt es sich, etwas mehr Zeit einzuplanen, um sich durch die charmanten Altstadtgassen treiben zu lassen. Und da ist sie dann: Plötzlich steht man vor dem Tor der hochmittelalterlichen Felsenburg aus dem 13. Jahrhundert. Kopfsteinpflaster führt vorbei an der Burgkapelle und weiter zum Eibenhain. Wer mag, kraxelt den rund 40 Meter hohen Freiturm hinauf, um sich im Anschluss ein Erholungspäuschen im malerischen Prinzengarten zu genehmigen, bevor die Wanderung fortgesetzt wird.

Danach geht es auf einem herrlichen Abschnitt weiter durch den Wald und über den Philosophenweg, vorbei an Waschbär- und Rentiergehegen des Opel-Zoos. Zurück in Königstein dann ein letzter Schwenk durch die herrschaftlichen Gärten des Kurparks, bevor es zurück zum Ausgangspunkt geht, der Burgruine Königstein.

Der Dettweiler Tempel mit Blick auf Frankfurt am Main. Nur einer von vielen Aussichtspunkten der Wanderung.

FAZIT: AUF JEDEN HÖHENMETER FOLGT EINE NEUE SPEKTAKULÄRE AUSSICHT.

Hin & weg: Mit der S 3, 4 oder 5 über Oberursel oder Bad Soden nach Königstein. Von Königstein-Bahnhof weiter mit dem Bus z. B. 60, 80, X 26, 253, 261, 803) ins Stadtzentrum. Nach etwa 10 Gehminuten erreicht man die Burgruine.

Beste Zeit: Frühling oder Herbst.

Dauer & Strecke: 5–6 Std. für 12 km.

Ausrüstung: Gutes Schuhwerk und ausreichend Proviant.

MUT ZUM MÜßIGGANG

 ... in Aschaffenburg

#22

Heute wird weder ein Mittelgebirgsberg erklommen noch auf dem Drahtesel gestrampelt. Heute wird sich im produktiven Nichtstun geübt. Das gelingt ausgesprochen gut: Man braucht sich nur flaneurhaft durch die grünen Oasen Aschaffenburgs treiben zu lassen.

#Aschebersch #lustwandeln #dassüßeNichtstun #probiersmalmitGemütlichkeit

Bekanntschaft mit zotteligen Hochlandrindern machen – das geht in »Aschebersch«.

Aschaffenburg. Bekannt für sein mächtiges, in rotem Sandstein gebautes Renaissanceschloss Johannisburg und das Pompejanum, den Nachbau einer römischen Villa. Aber Natur? Gibt's die hier überhaupt, in Aschaffenburg? Oder besser, in »Aschebersch«, wie die Einwohner ihre Stadt liebevoll nennen. Die Antwort lautet zweifellos: Ja! Und das in allen nur möglichen Nuancen.

Etwa fünf Kilometer vom Zentrum Aschaffenburgs entfernt liegt ein Naherholungsgebiet der besonderen Art. Perfekt geeignet für Lustwandler und ruhesuchende Großstädter. Der Park Schönbusch gehört nicht nur zu den äl-testen englischen Landschaftsgärten Deutschlands, mit etwa 160 Hektar zählt er sogar zu den größten. Das weitläufige Gelände lädt zum ausgiebigen Schlendern ein.

Es geht über die rote Brücke und vorbei am Schlösschen, am Freundschaftstempel und am Philosophenhaus. Zwischendurch immer wieder innehalten und auf einer der Parkbänkchen relaxen und die vorbeikommenden Menschen beobachten.

Anschließend spaziert man durch das sogenannte Dörfchen – um Bekanntschaft mit zotteligen Hochlandrindern zu machen.

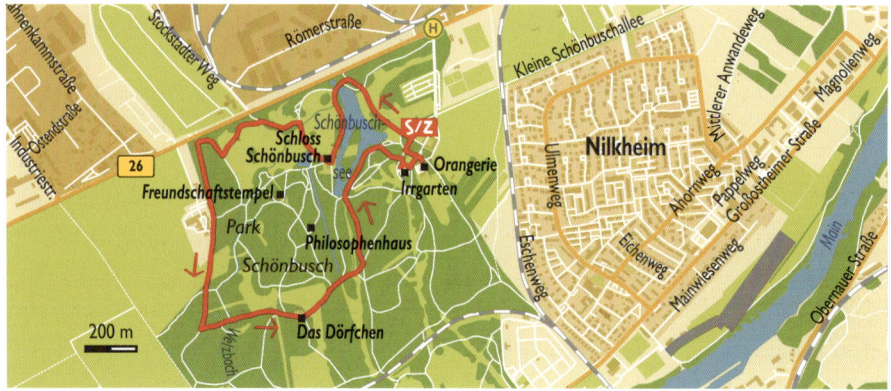

Man könnte im Irrgarten des Parks Schönbusch nach dem Weg wieder hinaus suchen. Oder einfach eine gemütliche Bootstour auf dem See vor dem Schloss machen. Perfekt für Müßiggänger!

Wieder auf dem Rückweg, hört man schon bald aufgeregtes Geschrei. Ein Kinderspielplatz? Nein, der wahre Quell des Trubels zeigt sich, wenn man näherkommt: Es ist der Irrgarten, der eine Schar Kinder in Spannung versetzt. Allesamt wollen sie zunächst die Mitte des Labyrinths mit dem Ginkgobaum finden – und danach den Ausgang. Zu aufreibend für jemanden, der heute im Auftrag der Trägheit unterwegs ist ... Statt sich im Irrgarten über die nächste Sackgasse zu ärgern, zieht es den Müßiggänger eher für eine letzte Pause in die

Erst lustwandeln in einem der ältesten und größten englischen Landschaftsgärten Deutschlands, danach den Verlockungen in der Innenstadt Aschaffenburgs nachgeben. Was will man mehr?

Orangerie, bevor es wieder zum Startpunkt der Runde geht. Der Spaziergang durch den Park Schönbusch lässt sich wunderbar mit einem Stadtrundgang durch das Zentrum Aschaffenburgs verbinden. Ein herrlicher Weg führt uns, die wir heute dem süßen Nichtstun frönen wollen, über die Pfade des idyllischen Parks Schöntal, und immer wieder locken nette Cafés zur Kaffee- und Kuchenpause in der sympathischen Innenstadt »Ascheberschs«.

Zwischendurch sollte man Halt machen am Schloss Johannisburg, das mächtig über der Stadt thront. Von dort wandelt man entlang des Mains zum Pompejanum. Sein bayerisches Nizza nannte Ludwig I. von Bayern Aschaffenburg. Im Laubengang und auf der Schlossterrasse nimmt man ihn vielleicht selber wahr, diesen Hauch Côte d'Azur.

Hin & weg: Aschaffenburg-Hauptbahnhof erreicht man mit Direktverbindungen aus Frankfurt, Darmstadt, Mainz und Wiesbaden. Von Aschaffenburg-ROB zum Park Schönbusch (Haltestelle Aschaffenburg-Leider / Schönbusch) fährt Bus 3.

Beste Zeit: Ob Winterwunderland oder heißer Sommertag – immer gut für Seele und Gemüt.

Dauer & Strecke: Mindestens 5 Std. für die 4 km im Park Schönbusch und die anschließende Erkundung der Stadt.

Ausrüstung: Bequemes Schuhwerk und eine Prise Lust aufs süße Nichtstun.

AUF KRÄUTERSTREIFZUG

... zwischen Berkersheim und Bergen-Enkheim

Sie heißen Odermennig, Schwarznessel und Bärenschote. Sie schmecken mild bis würzig und können zum Teil sogar Beschwerden wie Gallen- und Leberleiden lindern. Und sie wachsen entlang vieler Wege gleich vor unserer Haustür.

#Sammellust #derNasenach #Pflanzenkunde #Gaumenfreuden

Schmackhaft oder giftig? Wer sich unsicher ist, schlägt im Pflanzenführer nach.

Eine Prise Glück am Wegesrand sammeln. Sich zwischen zarten Blumen und sattem Grün auf die Suche begeben, nach Kräutern, die nicht nur schmackhaft sind, sondern auch heilende Wirkung entfalten: Entlang des Berger Rückens kann man sich auf eine botanische Erkundungstour begeben und erhält ganz nebenbei einen vollkommen neuen Blick auf die heimische Botanik.

Da manches Küchenkraut eine gewisse optische Ähnlichkeit mit giftigen Pflanzen nicht verleugnen kann, sollte man sich stets mit Vorsicht ans Werk machen. Das gilt ebenfalls für geschützte Arten. In Naturschutzgebieten ist das Pflücken grundsätzlich verboten. Genauere Informationen enthält die Broschüre »Botanischer Wanderführer«, den die Stadt Frankfurt herausgegeben hat und die viel Wissenswertes

über einzelne Stationen des 12,5 Kilometer langen Wanderweges bereithält.

Start der Tour ist der S-Bahnhof in Frankfurt-Berkersheim. Der Pfad führt nach etwa 500 Metern durch den Vorort gleich mitten hinein in die Natur. Zwischen Feldern und Äckern findet man immer wieder Wiesen mit Wildblumen und Streuobst.

Eines der Highlights erwartet den Sammler an einem Wildbirnenhain. Schon bevor man ihn erreicht, nehmen feine Näschen einen geradezu betörenden Duft wahr. Kurz darauf sieht man schon die Quelle dieses Wohlgeruchs: das Echte Labkraut. Die zehn bis 70 Zentimeter hohe Pflanze blüht von Mitte Juni bis August und wurde einst zur Käseherstellung ver-

wendet. Hier, gleich neben dem gelben Meer, das sich über die Wiese zieht, ist der perfekte Ort, um im Schatten eines Birnbaums die Picknickdecke auszubreiten.

Der Weg führt nach dieser Regenerationspause über die Friedberger Landstraße und

Hin & weg: Vom Frankfurter Hauptbahnhof mit der S 6 zum Bahnhof Berkersheim. Von Frankfurt-Riedbad geht es mit Bus 42 und U 4 zurück ins Zentrum.

Beste Zeit: Ideal im Frühling, aber sogar im Winter findet man noch hartnäckige Gesellen.

Dauer & Strecke: 5–6 Std. für 12,5 km.

Ausrüstung: Schere, Jutebeutel, eventuell eine Picknickdecke für eine Rast. Auf der ersten Etappe gibt es recht wenige (schattige) Sitzmöglichkeiten.

Vorbei an Wildblumenwiesen mit summenden Bienen geht's weiter auf verwunschenen Pfaden – herrliche Ausblicke auf »Mainhattan« inklusive.

den Lohrpark auf den Berger Südhang. Durch schmale, dicht bewachsene Wege kommt Urwald-Feeling auf. Das dichte Gebüsch spendiert Brombeeren zum Naschen und gibt zum Ende der Wanderung sogar immer wieder herrliche Ausblicke auf Frankfurt frei.

Zum krönenden Abschluss kann man die gesammelten Kräuter zu Hause auf ihre kulinarischen Qualitäten prüfen. Aus Knoblauchrauke, Beifuß, Wiesensalbei und Gänseblümchen lassen sich tolle Salate zaubern. Oder warum nicht einfach Pasta mit der Ausbeute garnieren?

Pasta mit Löwenzahn

Tagliatelle in der gewünschten Menge kochen. Wenn sie gar sind, abgießen und mit reichlich Olivenöl, Knoblauch, getrockneten und frischen Tomaten in der Pfanne schwenken.
Alles auf dem Teller anrichten und mit Löwenzahn, Pinienkernen und Parmesan überstreuen. Buon appetito!

FAZIT: EINE HERRLICHE FRÜHLINGSWANDERUNG, DIE IM ANSCHLUSS EINE KULINARISCHE ÜBERRASCHUNG BEREITHÄLT.

IM TAL DER RIESEN

 ... durchs Felsenmeer im Odenwald

#24

Über und über massive Gesteinsbrocken: Diese Haufen geben nicht nur ein fantastisches Bild ab, sie verhalfen einem ganzen Gebiet des Vorderen Odenwalds zu seinem Namen – dem Felsenmeer. Ein Ausflug dorthin bedeutet ein kleines Abenteuer mit großer Wirkung.

Das Meer aus Geröll ist imposant anzuschauen – und der pure Kletterspaß für Kinder.

dern macht noch viel mehr Spaß, wenn man die Geschichte von Steinbeißer und Felshocker im Hinterkopf hat. Manch einer schwört sogar, Felshocker noch immer brüllen zu hören – unter dem Felsmassiv.

Zahlreiche Routen winden sich durch diesen imposanten Teil des Odenwaldes. Eine Rundwanderung beginnt zu Füßen des Felsenmeers, am Informationszentrum, wo man allerlei Wissenswertes erfährt, von der Entstehungsgeschichte bis zum Wirken der Römer im Unesco-Geopark Bergstraße-Odenwald. Zunächst führt der Nibelungensteig über schmale Pfade bergauf, bis man auf den Alemannenweg stößt. Auf dem Weg zeigen sich immer wieder mystisch bis bizarr anmutende Felsenensembles. Besonders Kinder erleben hier den wohl größten Kletterspaß aller Zeiten.

Einst, als Riesen durch die Wälder des Odenwalds streiften, lebten die beiden Kolosse Felshocker und Steinbeißer jeder auf seinem Berg. Zwischen ihnen das Lautertal. Nach Ewigkeiten zufriedenen Koexistierens geschah, was bei jeder noch so intakten Ehe passieren kann. Die Worte gingen aus, man hatte sich nicht mehr allzu viel zu sagen. Langeweile übermannte die beiden Riesen, und sie schlug bald in Streit um. Wütend begannen die Riesen sich mit Felsen zu bewerfen, bis Felshocker den Kürzeren zog – und von einem der Blöcke begraben wurde!

Nun gut, nicht zankende Riesen waren es, die die imposante Felslandschaft schufen, sondern eine Reihe geologischer Prozesse, so die Wissenschaft. Erosionen hin oder her, sicher ist: Durch das legendäre Felsenmeer zu wan-

Unterhalb des Felsberges findet man ein regelrechtes Meer aus Geröll – etwa auf der Hälfte führt eine Brücke darüber. Oben auf dem Felsberg kann einen schon mal der Hunger übermannen; wenn der Magen sich mit einem riesenhaften Knurren meldet, sollte man es keinesfalls versäumen, im Restaurant Ada's Buka Halt zu machen. Dort gibt's sensationelle afrikanische Gerichte, aber auch weniger Experimentierfreudige können sich freuen, denn lokale Speisen werden auch serviert.

Weiter geht es nun bis zur Kuralpe, von wo man einfach den Schildern des Nibelungensteigs zurück zum Informationszentrum folgt.

FAZIT: EIN TAG IM FELSENMEER — UND JEDE GAMS IST AUSGETOBT.

Hin & weg: Mit dem Zug bis Bensheim. Von hier weiter mit Bus 665 bis Reichenbach-Markt.

Beste Zeit: Am schönsten an einem mystisch-nebligen Herbsttag. Völlig zu Recht ist das Felsenmeer ein beliebtes Ausflugsziel. Wenn möglich, die Wochenenden und Schulferien meiden.

Dauer & Strecke: 2,5–3,5 Std. reine Wanderzeit für 8 km mit rund 400 hm. Mit Klettereinlage und Pausen sollte man mindestens 5 Std. einplanen.

Ausrüstung: Festes Schuhwerk, Proviant.

AUF DRECKIGEN SOHLEN

> ... auf dem Barfußpfad in Bad Orb

#25

Manch einer begegnet ihnen mit Ekel, andere finden sie so verehrungswürdig, dass sie sogar einen Fetisch entwickeln. Welche Beziehung man auch immer zu seinen Füßen hat: Sie leisten besondere Dienste und dürfen ruhig mal verwöhnt werden. Was eignet sich da besser als der längste Barfußpfad Deutschlands?

#Matschpartie #Gradierwerk #fürdieFüße #Kneippkur

Mit bedächtigen Schritten durch die Matschkuhle waten, damit die Station des Barfußpfades nicht in einem Ganzkörperbad endet. Natur wahrnehmen mit allen Sinnen - und gesund ist es noch dazu.

Bei jedem Schritt schmatzt der Schlamm. Bis zur mittleren Wade hinterlässt er seine Spuren. Ein hölzernes Geländer am Rand der Matschkuhle hilft, in Balance zu bleiben, und verhindert, dass das Waten durch den rutschigen Schlick in einem Ganzkörperbad endet.

Auf 4,5 Kilometern führt der Barfußpfad in Bad Orb vom Kurpark entlang des Orbbachs bis zum Wildpark und in einer Schleife wieder zurück zum Kurpark. Auf keinen Fall verpassen sollte man bei der Gelegenheit den besonders schön angelegten Park – unbedingt noch darin spazieren und das eindrucksvolle Gradierwerk mit seiner gesundheitsfördernden Wirkung erfahren!

Diese Eskapade steht ganz im Zeichen der Gesundheit. Bevor jedoch das riesige Freiluft-Inhalatorium in Augenschein genommen wird,

wartet der Barfußpfad und die Füße freuen sich schon auf eine ganzheitliche Massage. Unterhalten und gepflegt wird dieser Weg von der Kreisrealschule Bad Orb. Auf 30 Stationen – mit teils schon vielsagenden Namen wie Schlammfeld oder Fakir-Station – gönnen Besucher ihren Füßen neue Sinneseindrücke.

Hin & weg: Von Frankfurt mit der Regionalbahn nach Wächtersbach. Von hier mit Bus MKK 81 zum Busbahnhof Bad Orb, von dort 12 Minuten Fußmarsch bis zum Gradierwerk.

Beste Zeit: Der Pfad ist zwischen Ostern und Oktober begehbar und macht auch bei Matschwetter Spaß.

Dauer & Strecke: Etwa 2-3 Std. für die 4,5 km des Barfußpfades. Im Anschluss warten das Gradierwerk und der Kurpark.

Ausrüstung: Etwas Kleingeld für den Eintritt.

Bei der Bachüberquerung wird der Matsch von Füßen und Waden gewaschen, und im Vulkankegel-Kneippbecken wird die Durchblutung angeregt. Besucher aller Altersgruppen experimentieren an den Stationen mit verschiedenen Bewegungsarten, balancieren über den Salinenschwebebalken und schleichen über das grobkieselige Steinfeld.

Rund 130 000 Kilometer weit tragen uns im Durchschnitt unsere Füße im Leben. Etwa dreimal um die Erde! Ihnen und uns ab und zu das Vergnügen zu geben, einige der Kilometer barfuß zu bestreiten, ist nachweislich gesund. Auf abwechslungsreichem Untergrund und an Stationen, an denen man sich ausdrücklich dreckig machen darf, macht das am meisten Spaß.

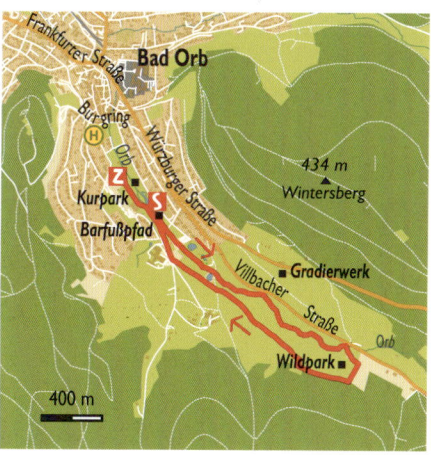

FAZIT: EINE GANZHEITLICHE GESUND-HEITSESKAPADE, DIE NICHT NUR UNSEREN FÜßEN SCHMEICHELT.

SLOW HIKING

... Eselwanderung bei Flörsheim

#26

Von wegen störrisch. Esel lassen sich nur ungern zu etwas zwingen. Sie sind friedliebend und gutmütig, mögen Streicheleinheiten und lassen sich gern spazieren führen. Bei einer Wanderung mit den sanften Vierbeinern passt man sich ihrer gemächlichen Geschwindigkeit an und entschleunigt so ganz automatisch.

Griskas Lebensgeschichte ist wahrlich kein Zuckerschlecken. Jahrelang hielt ein Metzger die Eseldame, um den Bedürfnissen seiner Hengste Genüge zu tun. Dauerschwanger gebar sie entweder tote Fohlen, oder ihre Babys starben kurz nach der Geburt. Unterernährt und traumatisiert kam sie schließlich auf Tom's Farm in Flörsheim. Zusammen mit drei weiteren Artgenossen, die ebenfalls ihr Päckchen zu tragen haben und hier, durch den Tierschutz vermittelt, endlich ein artgerechtes Zuhause gefunden haben. Heute ist Griska die Chefin dieser kleinen Herde.

Die Lebensaufgabe eines Esels liegt darin, Futter zu suchen. Dieser beneidenswerten Bestimmung gehen sie am liebsten während eines ausgedehnten Spaziergangs nach. Gerne in Begleitung von Besuchern, die hier eine Eselwanderung gebucht haben.

Doch bevor es aus dem Stall raus und hinein in die Natur geht, wollen die Esel verwöhnt werden. Mit einer Bürste werden sie ausgiebig geputzt. Danach spaziert man, zusammen mit einem Guide, in gemächlichem Tempo los. Stets hinterher trottet Esel Rudi, der wie Walter, ein seltener Albino-Esel, gewissermaßen aus einem Tier-Messie-Haushalt gerettet wurde. Bevor nicht ein anderer Esel voraus-

Hin & weg: Von der Windthorststraße in Flörsheim führt ein Weg etwa 500 m durch Felder, dann taucht rechts Tom's Farm auf (www.toms-farm.de).

Beste Zeit: Frühling–Herbst. Bei starkem Regen, Gewitter, extremer Hitze oder Kälte bleiben die Esel auf der Farm.

Dauer & Strecke: Touren ab 2 Std. Die Tour auf der Karte umfasst 6,7 km.

Ausrüstung: Bequeme Schuhe.

Über den Bonifatiusweg und durch den Regionalpark Rhein-Main führt die Rundwanderung. Highlight für die Esel Griska, Rudi & Co: die Naschpause unter Bäumen.

trabt, setzt Rudi keinen Huf vor den anderen; nicht selten fällt er weit zurück – erst wenn die Herde fast aus seinem Blickfeld gerät, legt er einen Zahn zu.

Die zwei- bis dreistündige Wanderung führt durch die Weinberge von Wicker, über den historischen Bonifatiusweg und durch den Regionalpark Rhein-Main. Dabei erregt man nicht selten die Aufmerksamkeit anderer Spaziergänger. Eine Eselherde durch das Rhein-Main-Gebiet trabend, das sieht man schließlich nicht jeden Tag. Auf halber Strecke kommt man an einer Wiese vorbei.

Hier dürfen die Vierbeiner dann auch ein Päuschen einlegen und ausgiebig grasen, bevor es zurück zur Farm geht – ganz gemächlich natürlich und mit möglichst vielen Liebkosungen zwischendurch.

FAZIT: NACH SLOW FOOD UND SLOW TRAVELLING FOLGT NUN SLOW HIKING. ENTSCHLEUNIGUNG GARANTIERT!

WILDLIFE IN THE CITY

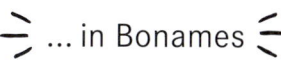

⊰ ... in Bonames ⊱

#27

Der alte Flugplatz im Norden Frankfurts wurde bis 1992 vom amerikanischen Militär genutzt. Heute können Besucher beobachten, wie sich die Natur die rund 24,5 Hektar große Fläche Stück für Stück zurückerobert.

Libellen schwirren über die Wasseroberfläche des Weihers. Zwischen dem dichten Schilf steht ein Reiher. So bewegungslos – wer nur flüchtig hinschaut, könnte ihn glatt übersehen. Wo einst Hubschrauber lärmten, ist mittlerweile Ruhe eingekehrt. Seit dem Jahr 2001 wird die Umgebung des Alten Flugplatzes Bonames weitestgehend der Natur überlassen. Baumpaten halfen ihr etwas auf die Sprünge. Sie pflanzten diverse Arten, die für die Region typisch sind, wie Ahorn, Erle, Eiche und Linde. Außerhalb des Baumhains genoss die Natur

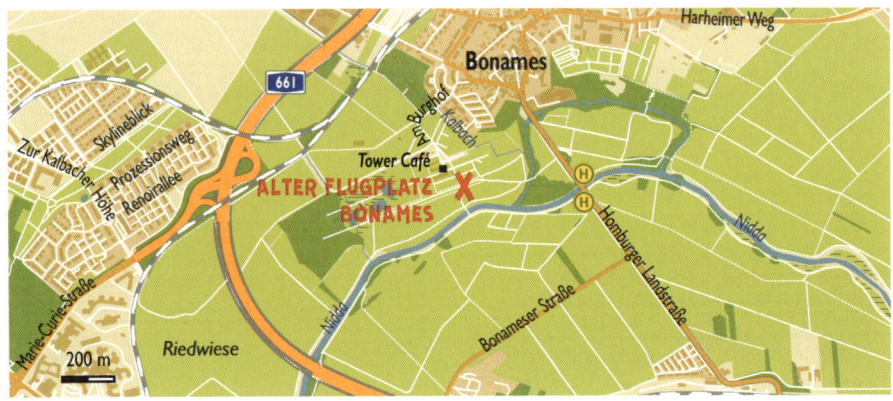

Das Grüngürteltier grüßt auf der Brücke, die zum anderen Ufer der Nidda führt. Statt Hubschraubern heben von der Landebahn heute Drachen ab.

gewissermaßen Narrenfreiheit und nutzte sie auch vollends aus. Heute findet man hier einen Hauch Wildnis fast mitten in Mainhattan. Aus der Betonlandschaft ist ein Stück heimischer Urwald entstanden. Ein Raum zum Durchatmen. Hinter der weitläufigen Storchenwiese schlängelt sich die Nidda durch die Landschaft. Eine Fußgängerbrücke führt zum südlichen Ufer des Flusses. Hier verläuft auch ein Teil des Grüngürtel-Rundweges. Auf der Brücke begrüßt das von Robert Gernhardt erfundene Grüngürteltier Vorbeispazierende.

Um die Besucher für den Lebensraum und die Lebewesen zu sensibilisieren, sind Lotsen im Einsatz und leisten Aufklärungsarbeit. Schließlich befinden wir uns in einem Landschaftsschutzgebiet, in dem Rücksicht genommen werden sollte und wo es besondere Regeln zu befolgen gilt. Der Fleiß zahlt sich aus. Mit der Natur kehrte auch eine vielfältige Tierwelt zurück nach Bonames. Neben den ulkigen Streifenwanzen (in Frankfurt auch gerne Eintrachtwanzen genannt), wurden bereits 91 Vogelarten gesichtet – davon 39, die auf der Roten Liste stehen. Zudem summt es am Alten Flugplatz. Ein Künstler-Duo mit Hang zur Imkerei will auf die Bedrohung der Wildbienen aufmerksam machen. Tausenden Insekten bietet das Wildbienenhotel Platz. Auf der Webseite des Bonameser Stechwerks kann man einen Termin zur Abholung des süßen Flugplatz-Honigs vereinbaren (www.bonameser-stechwerk. jimdo.com). Jede Menge zu entdecken gibt es hier in Bonames – und Platz für zahlreiche Aktivitäten. Auf der 750 Meter langen Landebahn kann man wunderbar Drachen steigen lassen

(nur außerhalb der Vogelbrutzeit, versteht sich), inlineskaten und Skateboard fahren oder sich einfach nur die Beine vertreten, umgeben von landschaftlichem Idyll, das es zu bestaunen und zu erschnuppern gilt.

Im Anschluss an die sportliche Aktivität lädt das Tower Café zum Rasten ein. Anstatt auf der Terrasse vor dem rot-weißen Turm zu entspannen, kann man sich im Lokal auch Liegestühle ausleihen und es sich auf der Wiese gemütlich machen. Im Sommer sollte man auch unbedingt noch einen Abstecher Richtung Kleingartenkolonie machen. Denn am Bach wachsen Unmengen an Brombeeren, die nur darauf warten, vom Strauch gepflückt und sofort vernascht zu werden.

FAZIT: WER DENKT HEUTE NOCH AN DIE FLIEGER, DIE HIER STARTETEN UND LANDETEN? EINTAUCHEN IN DEN HEIMISCHEN URWALD – DAS GEHT HIER WUNDERBAR.

Hin & weg: Vom Hauptbahnhof mit der S-Bahn zum Bahnhof Frankfurter Berg. Von dort mit Bus 25 oder 27 bis Nordpark / Alter Flugplatz.

Beste Zeit: Zu jeder Jahreszeit gibt's hier etwas zu entdecken. Am besten vor 18 Uhr kommen. Dann lässt es sich herrlich im Tower Café chillen (www.tower-cafe.de).

Dauer: Mit Erkundung des Geländes und einem Päuschen auf der Wiese oder im Lokal sollte man sich mindestens 3 Std. Zeit nehmen. Es lohnt sich, einen ganzen Tag zu bleiben.

Ausrüstung: Inlineskates und Fernglas.

AUF GOETHES SPUREN

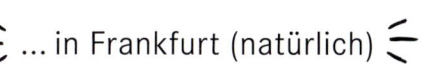

... in Frankfurt (natürlich)

#28

Ohne Zweifel ist er der bekannteste Sohn Frankfurts. Zwar verbrachte er die meiste Zeit seines Lebens in Weimar, doch zog es Johann Wolfgang von Goethe immer wieder in seine Geburtsstadt am Main zurück. Eine Rundwanderung führt zu einigen seiner Lieblingsplätze.

»Die Leiden des jungen Werther«, die erste Fassung des »Faust« und einige andere Dramen, Gedichte und Fabeln schrieb Goethe in Frankfurt. Vorzugsweise am Stehpult im Dichterzimmer seines Geburtshauses. Genau dort, im Großen Hirschgraben, beginnt die beschilderte Wanderung, die das Goethe-Haus, das Goethe-Museum, die Gerbermühle, die Goe-

Auf dem Ich-Denkmal posieren, im Biergarten der Gerbermühle rasten und durch den Stadtwald wandern. Wunderbar abwechslungsreich zeigt sich der Goethe-Rundweg durch Frankfurt.

theruh und das Willemer-Häuschen, an dem sich der Dichter im Jahr 1814 mit seiner Geliebten Marianne von Willemer traf, verbindet.

Von der Innenstadt begibt man sich, vorbei an Paulskirche und Römerberg, zur Sachsenhäuser Uferpromenade. Am Main angekommen führt der Weg eine herrliche Etappe am Wasser entlang. Außer dem glitzernden Mainwasser gibt es auch sonst allerhand zu sehen. Auf der rechten Seite stilvolle Neubauwohnungen mit Wendeltreppen, die hinauf zu Dachterrassen führen, watschelnde Gänsefamilien, vorbeiradelnde oder spazierende Frankfurter. Auf der linken Uferseite ein Hafen-Panorama. Nach etwa drei Kilometern fordert das Ich-Denkmal zum Posieren auf, gleich dahinter liegt die Gerbermühle. Der Bankier Johann Jakob Willemer, Ehemann von Goethes Muse Marianne, hatte die Mühle als Sommersitz gepachtet, und Goethe war mehrmals zu Gast. Der Biergarten lädt Ausflügler zur Rast ein, ehe es über die Gerbermühlstraße weiter durch Oberrad, den Grüngürtel streifend, hinein in den Stadtwald geht.

Bevor man den Goetheturm erreicht, der 2017 nach Brandstiftung niederbrannte und originalgetreu rekonstruiert wird, passiert man den Aussichtshügel Goetheruh. Durch die Familie Dubois ist überliefert, dass Goethe eine Vorliebe für diesen Ort hegte und sich häufig hier aufhielt. Eine Sandsteinsäule dient als Sitzbank: Von ihr genießt man einen weiten Blick auf die Stadt. Das leicht veränderte »Faust II«-Zitat, das diese Bank ziert, – »Arkadien, ein Königreich in Spartas Nachbarschaft« – lässt einen von seinem

ganz persönlichen Arkadien träumen, seiner Sehnsuchtslandschaft ...

Es geht raus aus dem Wald, den Wendelsweg hinunter, immer der Beschilderung folgend, bis zum Willemer-Häuschen. Johann Jakob Willemer kaufte den Wingert um das Häuschen und ließ das achteckige, verschieferte Türmchen als Gartenhaus herrichten.

Wer sich sattgesehen hat, macht sich auf den Rückweg zum Wendelsweg und folgt ihm bis nach Sachsenhausen. Vom lebhaften Affentorplatz biegt man links in die Wallstraße ein, mit ihren kleinen Geschäften, Cafés und Ateliers. Weiter geht es bis zum Sachsenhäuser Ufer, den Eisernen Steg nach Hibbedebach passierend und über den Römerberg zurück zum Start der Route, dem Goethe-Haus.

FAZIT: STADT, WALD, FLUSS – EIN VIELSEITIGER RUNDWEG, DER URBANES MIT NATUR VERKNÜPFT.

Hin & weg: Das Goethe-Haus ist in 5–10 Gehminuten mit S- und U-Bahnen über Hauptwache und Willy-Brandt-Platz erreichbar.

Beste Zeit: Zu jeder Jahreszeit schön.

Dauer & Strecke: 4–5 Std. für 11,7 km.

Ausrüstung: Bequeme Schuhe, Proviant, Wasser und an heißen Tagen Kopfbedeckung.

KONTRAST-PROGRAMM

≥ ... in Hanau ≤

#29

Gegensätze ziehen sich ja bekanntlich an. Wieso nicht auch bei der Freizeitgestaltung? Erst den Vormittag mit entspanntem Flanieren im eleganten Schlosspark beginnen. Später im Kanu durch urwüchsige Natur paddeln. Ein doppelter Genuss!

Wilhelmsbad, allein der Name klingt schon nach Glanz und Gloria. Wer vor dem pastellgelben Renaissancegebäude steht, dem ist auch gleich fürstlich zumute. Heute ein eigener Stadtbezirk, war Wilhelmsbad einst die Kuranlage des Hanauer Staatsparks.

Über das ganze Jahr werden auf dem Anwesen Events und Festivitäten veranstaltet. Der weitläufige englische Landschaftspark mit kleinen Inseln auf dem Gewässer und einem historischen Karussell lädt zum ausgiebigen Spazieren ein – und im Anschluss heißt es dann: das Paddel in die Kinzig eintauchen! Mit einer Gesamtlänge von 86 Kilometern schlängelt sich die Kinzig durch Hessen. Westlich der Hanauer Altstadt mündet sie in den Main. Kurz vor der Mündung befindet sich der Bootsverleih Aqua Fun.

Da die Kinzig ganz ruhig dahinfließt, eignet sie sich auch super für Paddelanfänger. Schon bald setzt eine meditative Routine ein und man gleitet mit geschmeidigen Bewegungen dahin, in harmonischem Einklang. Geradezu eins mit der Natur. So eins, dass sogar eine Biberratte vertrauensvoll dicht vor dem Bug

Hin & weg: Mit der Regionalbahn vom Hauptbahnhof Hanau in 5 Min. zur Haltestelle Wilhelmsbad. Von dort mit der Bahn oder dem Bus nach Hanau-West und ab da in 6 Gehminuten zum Bootsverleih.

Beste Zeit: Bei Sonnenschein.

Dauer & Strecke: Mindestens 1,5 Stunden fürs Flanieren und genauso viel Zeit für die 3 km lange Bootstour einplanen. Inklusive Fahrt von Wilhelmsbad zum Bootsverleih sollte man sich mindestens 4 Std. Zeit nehmen.

Ausrüstung: Trinkwasser und Sonnencreme.

Nur einen Katzensprung vom Staatspark mit den prächtigen Renaissancegebäuden erlebt man Paddelspaß auf der Kinzig.

des Kanus vorbeischwimmt. Wer aufmerksamer hinsieht, entdeckt weitere Tiere, die »Big Five« der Kinzig.

Enten begleiten den Kanadier einige Meter. Schildkröten sonnen sich auf im Wasser liegendem Gehölz oder tauchen mit ihren dunklen Köpfen neben dem Kanu auf. Gelegentlich zeigt sich ein prächtiger Schwan. Und über allem schwirren die Libellen.

Am Ende der Tour wartet die größte Herausforderung: das Einparken, beziehungsweise »Einpaddeln«. Wie und wann und in welchem Winkel soll man nur einschlagen, um das Boot in die schmale Lücke zu manövrieren, bevor es wenige Meter weiter auf den verhältnismäßig gewaltig wirkenden Main geht?

Keine Sorge: Es klappt dann doch einwandfrei. Bestimmt! Und wenn der Herr vom Bootsverleih ausruft: »Na, da sind wohl Profis am Werk!«, dann bekommt man direkt Lust auf eine zweite Rafting-Runde. Hach, eine Kinzigfahrt, die ist schön!

FAZIT: SPAZIEREN UND PADDELN: DER PERFEKTE KOMPROMISS, WENN SICH DIE AUSFLÜGLER NICHT FÜR EINE AKTIVITÄT ENTSCHEIDEN KÖNNEN.

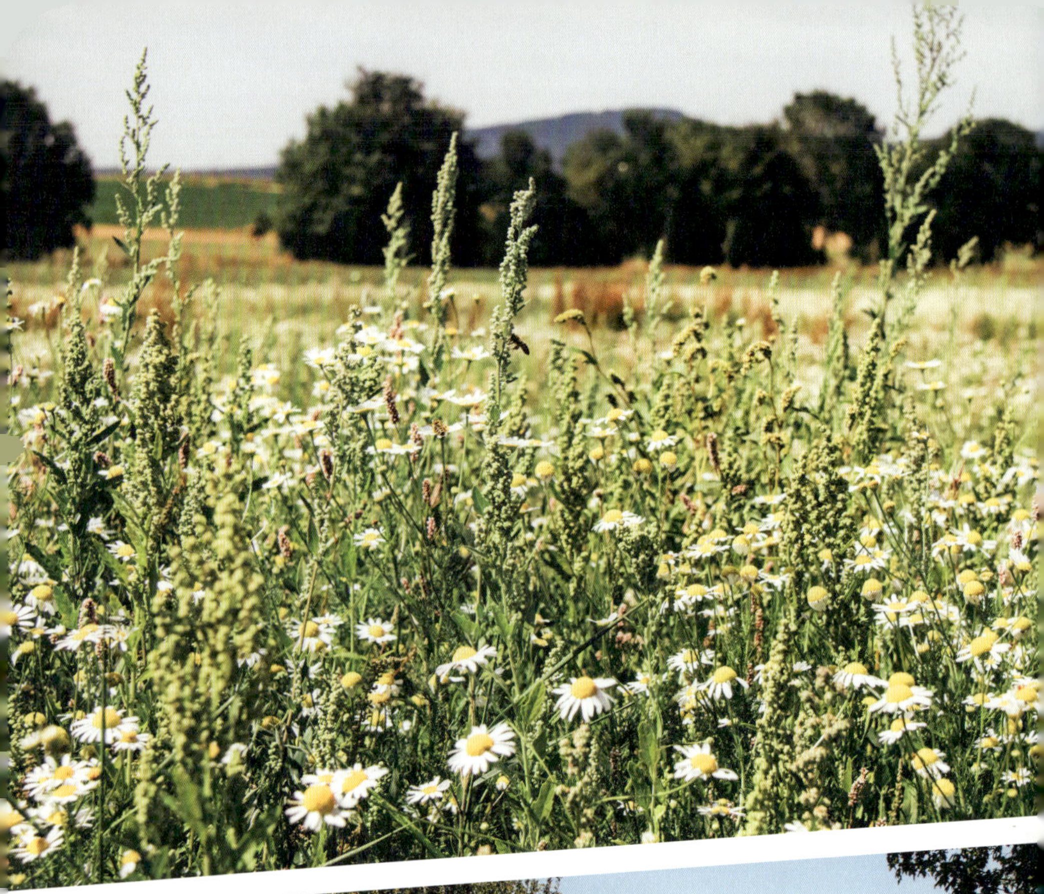
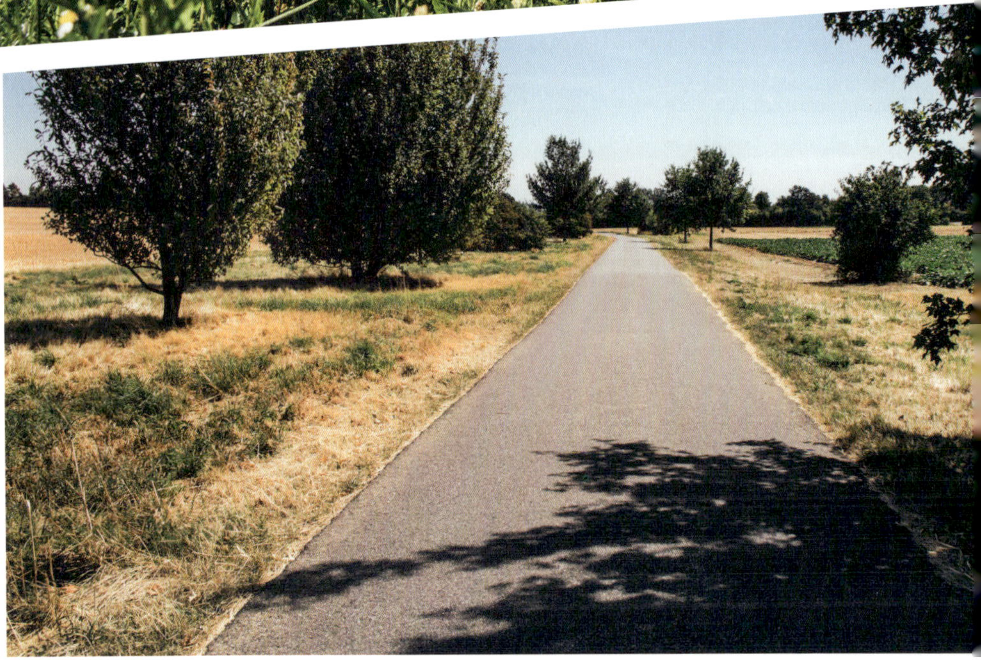

WO DIE LIEBE HINLÄUFT

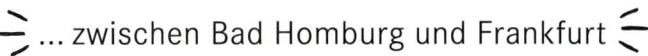

... zwischen Bad Homburg und Frankfurt

Man sagt, der Dichter Friedrich Hölderlin sei die 22 Kilometer von Bad Homburg nach Frankfurt und wieder zurück geeilt – und das immer wieder. Einer heimlichen Liaison wegen. Womöglich mit der Aussicht auf ein Happy End?

Auf den Spuren Hölderlins ist die Landschaft vor allem geprägt von Wiesen und Feldern.

auf zum Kronenhof! Fußgänger und Radfahrer teilen sich von hier ab den Weg, der schon bald den ersten Blick auf die Frankfurter Skyline freigibt. Kurz darauf verschwindet die Silhouette wieder, und es geht vorbei an Feldern und Blumenwiesen. Informationstafeln, unter anderem mit Gedichten, stehen entlang des Pfades und stimmen den Wanderer ein, lassen ihn wunderbar über das Leben Hölderlins sinnieren, über seine Liebesgeschichte, die mit vielen Abschieden verbunden war.

Über die von weiten Feldern dominierte Landschaft linst immer wieder die Spitze des Fernsehturms hervor und weißt die Richtung. Um Kalbach-Riedberg verändert sich das Bild der Natur und man taucht in gewässerreiches Terrain ein. Der Frankfurter Stadtteil Bonames und sein alter Flugplatz sind jetzt schon zum Greifen nah (Eskapade #27). Der alte Flughafen, ein wunderbarer Ort für eine Verschnaufpause. Anschließend geht es die letzten Meter bis zum Bahnhof Frankfurter Berg.

In nur drei Stunden ist Hölderlin vor rund 200 Jahren regelmäßig von Frankfurt nach Bad Homburg gepilgert – oder vielmehr gesaust. Die Liebe zu seiner Herzdame Susette Gontard, die bereits anderweitig vergeben war, muss ihn zu diesem regelrechten Geschwindigkeitsrekord beflügelt haben. Wie es sich anfühlt, eine Stadt zu verlassen und sich auf den Weg zu machen zu einer anderen, das erspürt man bei dieser Wanderung. Sie folgt der Fährte des Lyrikers, dem Hölderlinpfad.

In Bad Homburg beginnt der Weg am Sinclair-Haus. Das nach Hölderlins Freund Isaac von Sinclair benannte Gebäude ist heute ein Ort für zeitgenössische Kunst. Durch die Bad Homburger Altstadt folgt man der Beschilderung am Bahnhof vorbei. Nach dem Gewerbegebiet heißt es die Stadt hinter sich lassen und

Wer sich nun fragt, was aus der Liebe zwischen Hölderlin und seiner Angebeteten wurde, dem sei gesagt: Sie nahm kein glückliches Ende. Als Susettes Ehemann von der Beziehung zwischen den beiden erfuhr, flüchtete Hölderlin zurück nach Bad Homburg zu seinem Freund Sinclair. Doch was bekanntlich schlecht fürs Herz ist, ist wiederum der Kunst sehr zuträglich. Vermutlich war es gerade die Tragik dieser Liebe, die den Dichter in den darauffolgenden Jahren zu solch poetischen Ergüssen verhalf.

FAZIT: WENIGER DIE LANDSCHAFTLICHE KULISSE, VIELMEHR DIE MIT DER TOUR VERBUNDENE GESCHICHTE MACHT IHREN REIZ AUS.

Hin & weg: Von Frankfurt-Hauptbahnhof ist Bad Homburg mit der S 5 oder der RB 15 zu erreichen. Vom Frankfurter Berg geht es mit der S 6 zurück ins Zentrum.

Beste Zeit: Am schönsten im Frühling.

Dauer & Strecke: Etwa 5 Std. für 13,5 km.

Ausrüstung: Bequemes Schuhwerk, Wasser und Proviant.

DURCH DEN OBST- GARTEN

⊰ ... in Mainz ⊱

#31 *Ganz ohne strapaziöse Höhenmeter und dennoch kurzweilig führt der kleine Namensvetter des bekannten alpinen Mainzer Höhenwegs durch verwunschene Wälder, an Wiesen und Feldern und einem Schloss entlang ... und beweist, wie köstlich Natur sein kann.*

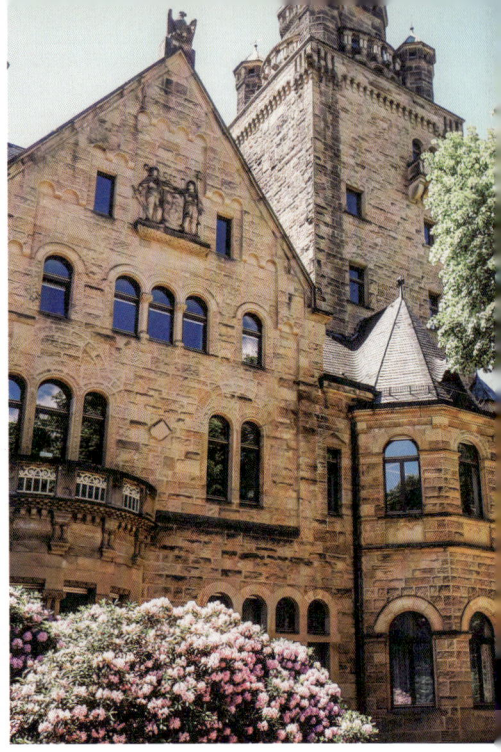

Mit 31,7 Kilometern ist der Kleine Mainzer Höhenweg nicht zu verwechseln mit dem hochalpinen Mainzer Höhenweg in den Alpen. Diese Tour knöpft sich die dritte Etappe des kleinen Bruders der Alpen-Tour vor – Wanderer können sich wunderbar an der grünen Beschilderung orientieren. Der Weg beginnt am Ober-Olmer Forsthaus und führt zunächst durch den Ober-Olmer Wald. Wo bis in die Neunzigerjahre noch Bunkeranlagen und andere Spuren von Kriegsgeräten des US-Militärs zu finden waren, erstreckt sich heute eine schöne grüne Oase. Mit 350 Hektar ist der Ober-Olmer Wald das größte zusammenhängende Wald- und Naherholungsgebiet im nördlichen Rheinhessen.

Die größte Strecke des Wanderweges führt durch den Mainzer Stadtteil Finthen, vorbei an reichbestückten Bäumen mit allem, was einen guten Obstsalat ausmacht. Violette Pflaumen, fast schon tiefschwarze Kirschen und saftig-orangene Aprikosen lassen sich da entdecken. Hmmm.

Bald führt der Weg in den Lennebergwald, der auch als Gonsenheimer Wald bekannt

Hin & weg: Vom Mainzer Hauptbahnhof mit Bus 54, 75 oder 650 bis Ober-Olm Forsthaus. Zurück von der Haltestelle Schloss Waldthausen mit der Linie 68 in Richtung Hochheim über Mainz-Hauptbahnhof.

Beste Zeit: Ganzjährig ein Vergnügen. Im Sommer sind die Obstbäume in Finthen ein Highlight.

Dauer & Strecke: Je nach Länge der (Nasch-) Pausen 3,5–4,5 Std. für die 10 km.

Ausrüstung: Wasser und Proviant.

Einer der idyllischsten Plätze für eine Rast liegt an den Sieben Weihern.

ist. Zur Mittagszeit bietet sich eine Rast an den Sieben Weihern an. Lianen hängen von hohen Baumstämmen herab, eindrucksvolle Gewächse haben sich um das Gewässer breit gemacht. Mainz ist ganz nah, kommt einem aber auf einmal total weit weg vor.

Bei Käsestullen und aus dem Rucksack gezauberten Erdbeeren lässt sich die Ruhe im Grünen genießen. Dabei die massigen Karpfen beobachten, die im Weiher ihre Runden ziehen und ab und zu ihren Kopf aus dem Wasser strecken. Wenige Meter weiter sieht man auf der linken Seite ein Schild, das den Weg zum Café Rheingoldruhe weist. Gerade erst gerastet, wird die Kaffeepause verschoben und es geht erst mal weiter entlang des Pfades. Der Wanderweg führt nun ein kurzes Stück bergauf, durch eine Allee. Wenig später steht man vor dem Schloss Waldthausen. Heute ist das prachtvolle Bauwerk Sitz der Sparkassenakademie.

Weiter geht es durch den Schlosspark, dann wenig später über die K 10 nach Finthen und die L 422 nach Gonsenheim. Kurz darauf gelangt man zur Lennebergkuppe mit ihrem 1880 errichteten Lennebergturm. Das Etappenziel ist erreicht – da wird man den Verlockungen des Cafés und Restaurants Am Turm doch wohl nachgeben dürfen ...

> **FAZIT: ABWECHSLUNGSREICHE TOUR. IDEAL, UM MAINZ VON SEINER GRÜNEN SEITE KENNENZULERNEN.**

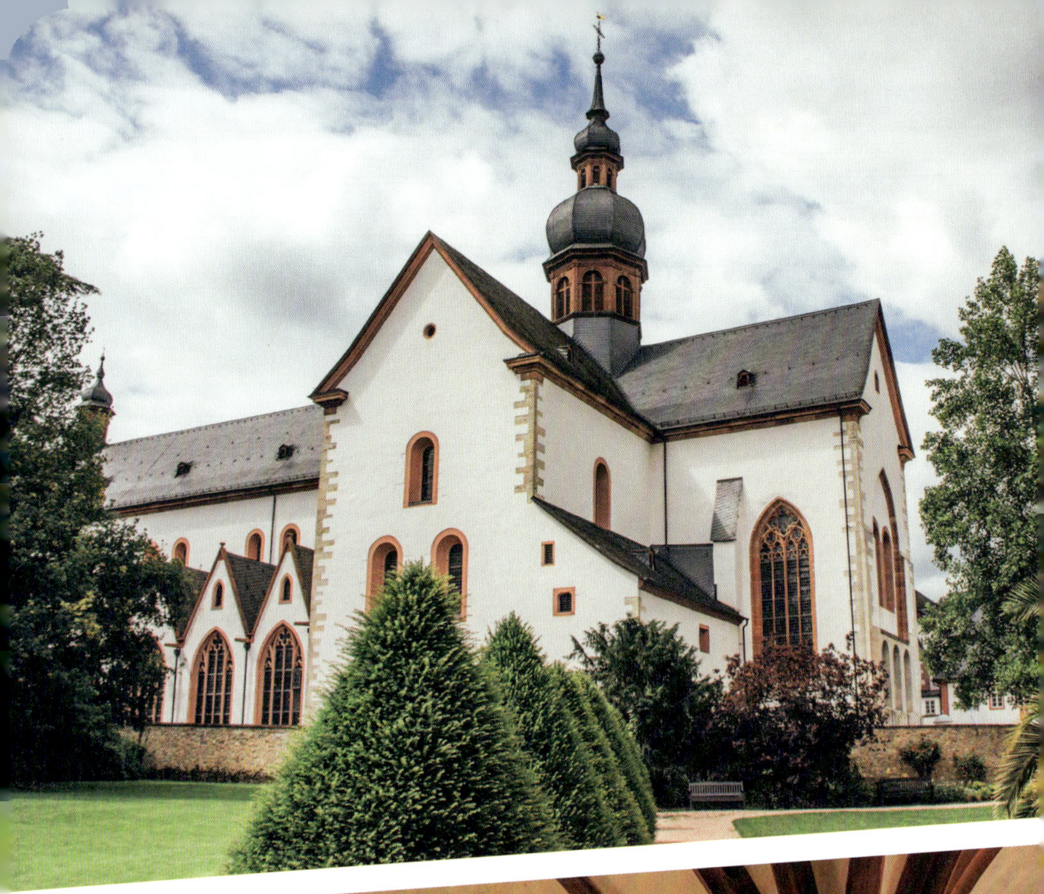
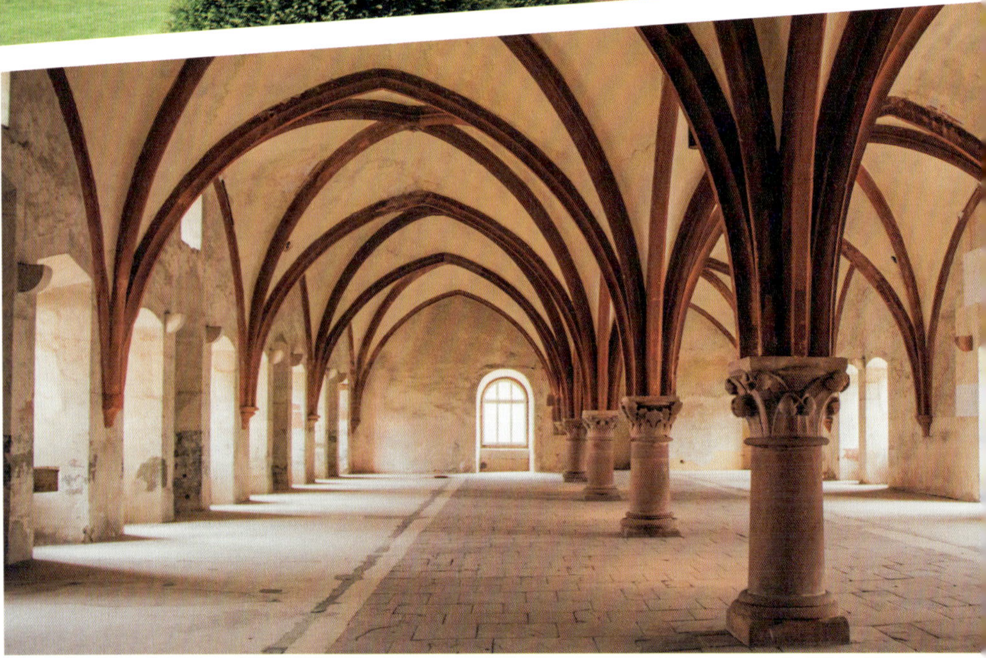

AUF FILM-REIFEN PFADEN

 ... im Kloster Eberbach

#32

Ein Ort mit reichem Erbe. Wer einmal durch die heiligen Hallen oder den Klostergarten gewandelt ist, versteht, warum das Kloster Eberbach als Kulisse für den Film »Der Name der Rose« gewählt wurde. Die anschließende Wanderung im umliegenden Wald erdet – und hält so manche tierische Überraschung bereit.

Vom Kloster vorbei am Hof Geisgarten und eintauchen in dichten Wald.

die Besucher das Kloster bei einer kurzweiligen Führung mit unterhaltsamen Anekdoten rund um die Dreharbeiten erleben.

Die Klosterrundwege entlang der Anlage und um sie herum bringen den Besuchern die Kulturlandschaftsgeschichte näher. Die Pfade gehen vorbei an Wald- und Ackerflächen sowie Wasserläufen – alles wurde einst in unterschiedlicher Form genutzt und trug zum Lebensunterhalt der Gemeinschaft bei.

Die Qual der Wahl: Drei gut ausgeschilderte Wege führen um das Kloster herum. Da kommt es ganz auf Zeit und Laune an. Wie wäre es zum Beispiel mit dem Kaninchenweg? Dafür verlässt man das Gelände auf der Nordseite und geht vorbei am Hof Geisgarten mit seiner üppigen Blütenpracht entlang der Mauer. Wenig später folgt man dem Weg geradeaus bis zur Kisselmühle. Der perfekte Ort für eine Pause, denn in den Gehegen um das An-

Von Kultur in die Natur – so lautet das Motto bei einem Besuch des Klosters Eberbach, des am vollständigsten erhaltenen deutschen Zisterzienserklosters. Zwar versetzt allein schon der Spaziergang durch den Klostergarten, vorbei an Orangerie und Klosterschänke, in Staunen, aber die 9 Euro Eintritt für das Klostergebäude sind dennoch gut investiert. So kann man sich selbst ein Bild von der Szenerie machen, durch die Sean Connery im Film wandelte. Highlight ist der Kapitelsaal, ein Zeugnis gotischer Baukunst, die im Spätmittelalter in Eberbach Einzug hielt.

Regelmäßig werden die Hallen des Klosters für kulturelle Events genutzt. Im Rahmen des Kino-Sommers zeigt die Stiftung den Kultfilm »Der Name der Rose« am Original-Drehort: ein ganz besonderes Kinoerlebnis! Davor können

Hin & weg: Stündlich verkehrt Bus 172 zwischen dem Eltviller Bahnhof und Kloster Eberbach. Wer an der Klosterkasse sein Busticket zeigt, zahlt einen reduzierten Eintritt.

Beste Zeit: Sobald die Bäume beginnen zu grünen und bis in den späten Herbst hinein.

Dauer & Strecke: Verschiedene Wanderwege führen um das Kloster. Der kürzeste ist der Kaninchenweg mit 3,5 km. Wer außerdem noch durch den Klostergarten und die Hallen des Klosters lustwandeln möchte, sollte mindestens 4 Std. einplanen.

Ausrüstung: Verpflegung und bequeme Schuhe.

Neugierigen Alpakas begegnet man an der Kisselmühle. Zurück am Kloster ist die Orangerie der richtige Ort für eine Pause.

wesen wollen Kängurus und Alpakas mit den Wanderern Bekanntschaft machen.

Nach dem Abstecher geht es zunächst ein Stück des gleichen Weges zurück und dann heißt es hinter dem alten Wasserwerk nach rechts abbiegen. Kurz darauf geht es abermals nach rechts, immerzu dem Schild mit grünem Eichenblatt nach, bis zum Kloster.

Und nach der Wanderung verführt die Relaxliege vor der Orangerie zu einer gemütlichen Rast, oder alternativ – wenn der Magen gerade knurrt – die Klosterschänke.

FAZIT: NATUR TRIFFT HISTORIE. AUCH AN WOLKENVERHANGENEN TAGEN EIN GENUSS.

WALD-ERLEBNIS MIT AUSSICHT

≥ ... auf dem Neroberg in Wiesbaden ≤

#33

Abwechslungs- und aussichtsreich hält diese Waldwanderung so manche Über-raschung für kleine und große Entdecker bereit. Attraktion entlang des Weges ist ein erfrischender Besuch im Opelbad.

Der Walderlebnispfad auf dem Wiesbadener Hausberg, dem Neroberg, ist besonders für Familien mit Kids ein Erlebnis. An 17 Stationen wird der Besucher eingeladen, den Geheimnissen der Natur auf den Grund zu gehen. Da heißt es mit dem Mardertelefon telefonieren oder – tadaa! – an der Klangstation ein Konzert geben. Später können noch die Zimmer im Spechthotel begutachtet werden, und die Totholzinsel zeigt, was für eine wichtige Rolle abgestorbene Baumstämme und Äste in der Natur spielen.

Aber das Abenteuer beginnt schon lange, bevor der Walderlebnispfad Wissenswertes über das Ökosystem Wald bereithält, nämlich unterhalb des Nerobergs an der historischen Nerobergbahn. Hmmm, Kräfte schonen oder auspowern? Links der Bahn geht es über Serpentinen den 245 Meter hohen Berg per pedes hoch, aber auch das Hochgondeln mit der Standseilbahn aus dem Jahr 1888 hat seinen Reiz.

Wie auch immer man sich entscheidet, beide Wege führen zum Ziel. Oben im Bergpark angekommen, warten neben einem herrlichen

Hin & weg: Von Wiesbaden-Hauptbahnhof mit Bus 1 zur Haltestelle Wiesbaden-Nerotal.

Beste Zeit: Zu jeder Jahreszeit toll. Wer einen Abstecher ins Opelbad machen möchte, sucht sich natürlich besser einen warmen Sommertag aus.

Dauer & Strecke: Für die knapp 7 km mit Rast und Pausen an den einzelnen Stationen etwa 3,5 Std. Mit einem erfrischenden Besuch im Opelbad lässt sich die Eskapade nach Belieben ausdehnen.

Ausrüstung: Bequeme Schuhe, Proviant und evtl. Badesachen.

Vom Neroberg-Tempel genießt man ein tolles Panorama auf Wiesbaden.

Blick auf Wiesbaden ein Tempel, die Erlebnismulde – eine Art Amphitheater, in dem gelegentlich Kleinkunst aufgeführt wird –, und eben der Erlebnispfad. Der beginnt gleich hinter dem Amphitheater. Zunächst geht es vorbei an einem Kinderspielplatz und einem Kletterwald (ja, das gibt's auch noch), und dann taucht man ganz tief ein in dieses ganz besondere Walderlebnis.

Nach all den Stationen ist man definitiv sensibilisiert für die Themen Wald, Natur und Umweltschutz. Wer seine Erkundungstour durch den Wald abgeschlossen hat, biegt kurz vor dem Tempel auf dem Neroberg nach links ab. Auf dem Weg hinab liegt die einzige russisch-orthodoxe Kirche Wiesbadens. Als seine Gemahlin, eine russische Großfürstin, jung starb, ließ Herzog Adolf von Nassau den prächtigen Bau von 1847 bis 1855 errichten.

Kurz vor der Kirche: das Opelbad. Das Freibad wurde erst 2018 saniert und gibt diese Frische auch munter an seine Gäste weiter. Ein Besuch hier im Sommer ist einfach super erholsam. Wenn es gerade warm ist, also einfach die Turnschuhe in den Rucksack packen und die Badelatschen rausholen! Der recht moderate Eintrittspreis lohnt den gigantischen Blick über Wiesbaden auf jeden Fall.

FAZIT: EINE WALDWANDERUNG MIT LERN-FAKTOR – FÜR KLEIN UND GROß.

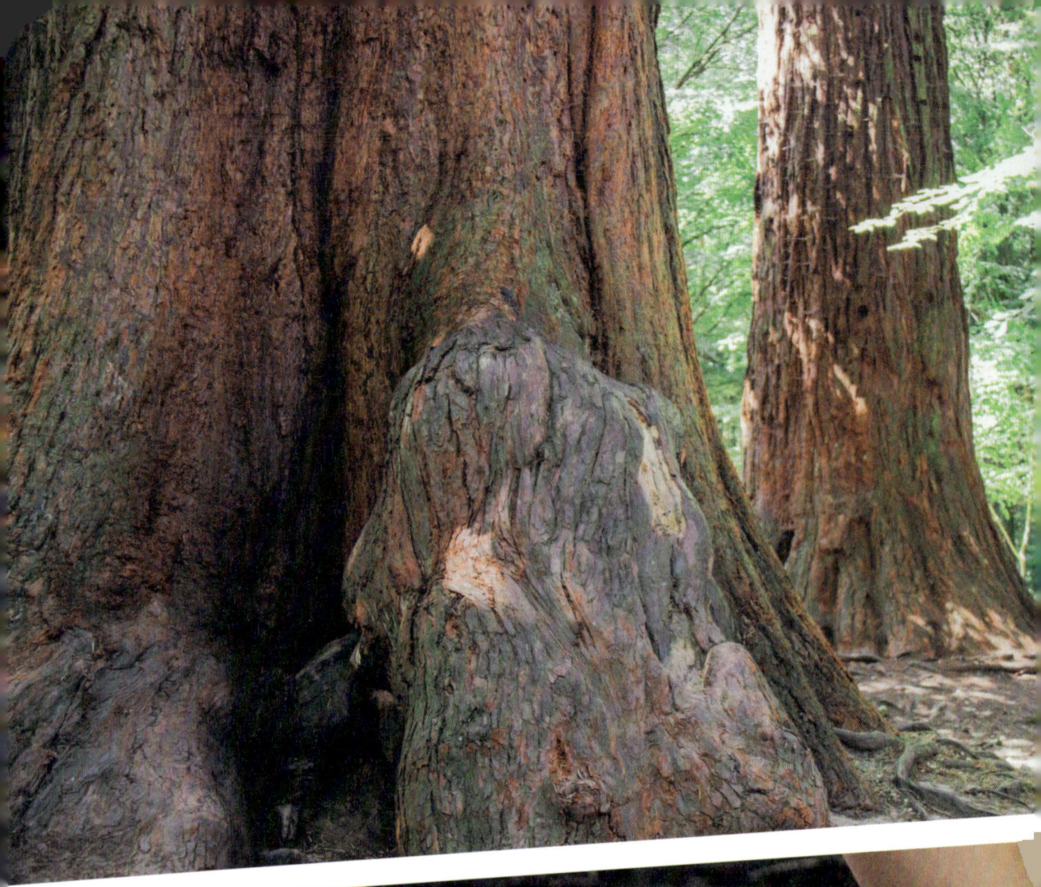

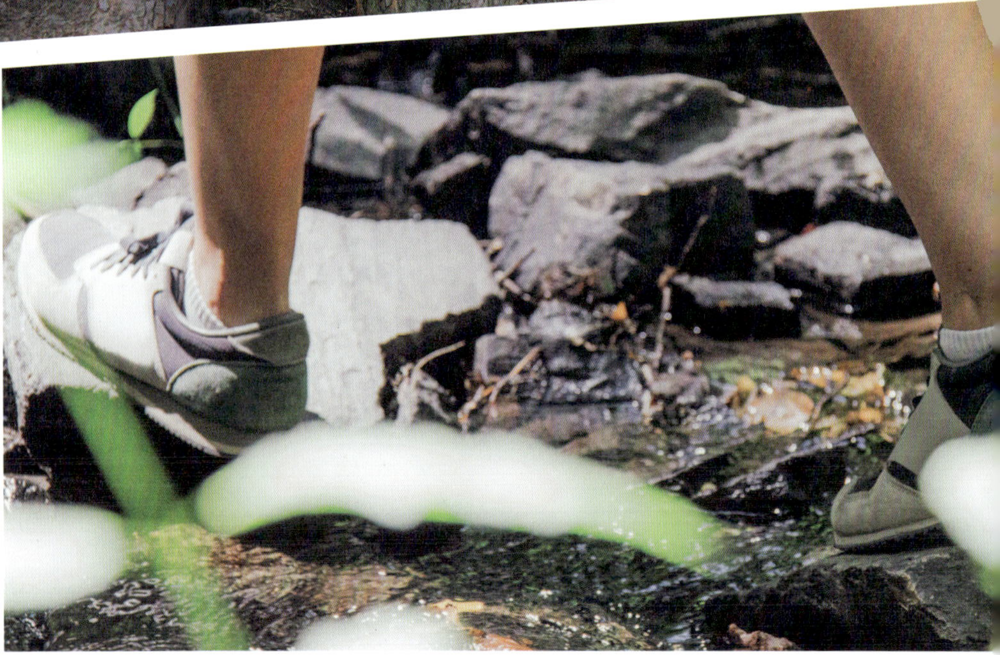

MAMMUT-MOMENTE

 ... im Naturpark Taunus

#34

Auf insgesamt 1240 Kilometern führen
Wanderwege durch den Naturpark Taunus – da erscheinen die sieben Kilometer
dieses Rundweges schon beinahe mickrig.
Die gigantischen Mammutbäume entlang
des Pfades machen das aber mehr
als wett! Ebenso wie der Hauch »liberté,
égalité, fraternité«.

Bis ins Rhein-Main-Gebiet hinein reichte einst die Französische Revolution Ende des 18. Jahrhunderts und hinterließ ihre Spuren auch im Taunus, vor den Toren Oberursels. Ein Rundweg im Nationalpark Taunus erinnert mit Baudenkmälern und informativen Tafeln entlang der Strecke an diese turbulente Zeit vor mehr als 300 Jahren.

Der historische Rundweg startet am neuen Informationszentrum in Oberursel. Hier kann man sich auch über die Mammutbäume schlau machen, die unweit des Forsthauses in die Höhe wachsen.

Von diesem Infopoint aus führt der Weg weiter hinein in den Wald. Orientierung bieten die Schilder, die den Historischen Rundweg Oberursel markieren.

Nach etwa zwei Kilometern führt der Weg am Forsthaus vorbei und zu den Baumriesen. Ein wenig Acht geben muss man schon, sonst sieht man vor lauter Wald die Mammutbäume nicht. Zugegeben, es sind auch nur zwei, die hier gepflanzt wurden, wohl im Jahr 1848. Mit ihren gerade mal 7,90 Metern Durchmesser und 40,50 Metern Höhe sind sie eigentlich noch Teenies. In den nächsten Jahrzehnten können sie auf bis zu 100 Meter wachsen!

Hin & weg: Aus Frankfurt mit der U 3 bis zur Endhaltestelle Hohemark.

Beste Zeit: Zu jeder Jahreszeit ein Erlebnis.

Dauer & Strecke: Mit Pausen 3,5–4,5 Std. für 7 km.

Ausrüstung: Bequeme Schuhe, Wasser und Proviant.

Da geht noch viel mehr. Heute zählen die beiden Exemplare zu den Teenies unter den Mammutbäumen.

Gleich neben den Bäumen und dem Forsthaus lädt der schönste Picknickplatz auf der Strecke dazu ein, auf den Bänken Platz zu nehmen. Aber es gibt auch Alternativen, zum Beispiel auf der Brücke über dem Bachlauf auf dem Weg zur Zielgeraden. Dann drückt das schlechte Gewissen immerhin nicht gar so sehr. Also lieber erst einmal Kilometer machen – und dann die Belohnung einheimsen ... Abenteuerlustige haben an dieser Location sowieso ihre Freude: Sie bahnen sich einfach den Weg auf die andere Seite über die Steine im Bach, statt – wie öde – einfach nur die Brücke zu nehmen.

Zuvor verlässt man für einen Moment den Wald und läuft durch die Straßen des Camp King, das einmal ein US-Militärstützpunkt war. Für die letzten Kilometer heißt es dann wieder eintauchen ins satte Grün. Es geht vorbei an den letzten Stationen mit Wissenswertem über die Custine-Schanzen – Relikte aus der Französischen Revolution –, ehe man wieder am Startpunkt, dem Taunus-Informationszentrum, angelangt.

FAZIT: WANDERN UND STAUNEN – KLEINE GESCHICHTSSTUNDE INKLUSIVE: DIESE TOUR VERBINDET ALLES, WAS EINEN GELUNGENEN TAG AUSMACHT.

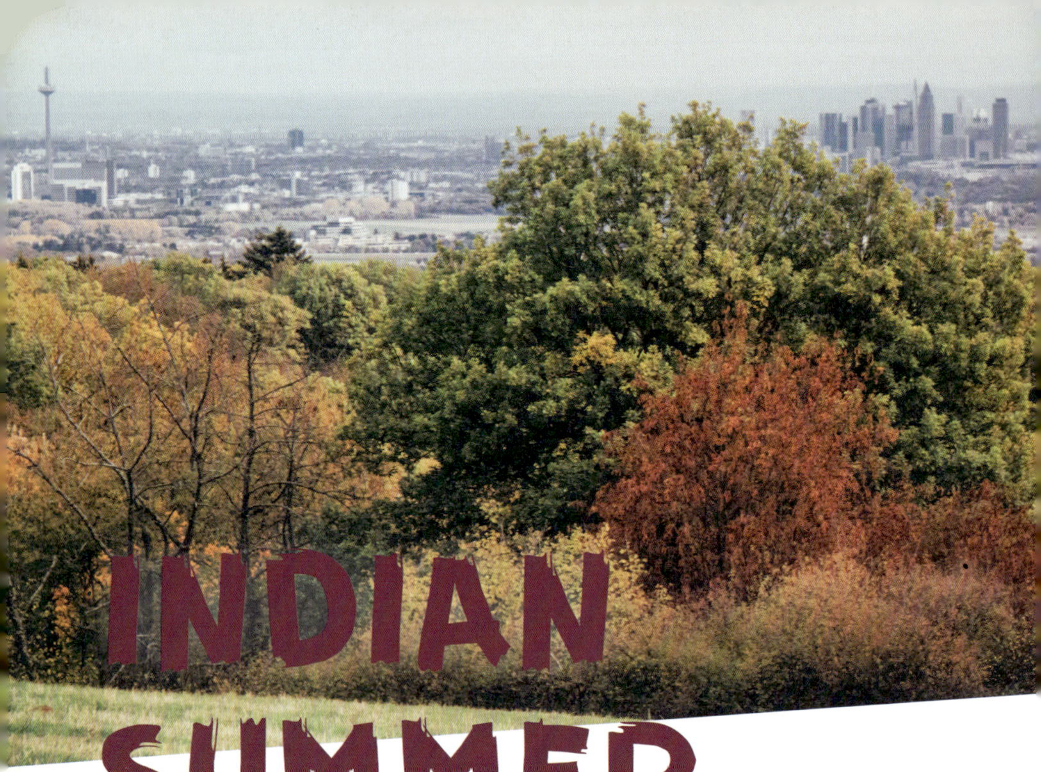

INDIAN SUMMER

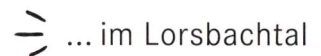

... im Lorsbachtal

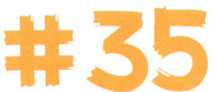

#35

Der Herbst ist da! Und mit ihm die bunte Farbenpracht. Die lässt sich am besten im Wald bestaunen –besonders üppig in der Nassauischen Schweiz. Eine Rundwanderung um Lorsbach stürzt einen mitten hinein ins postsommerliche Wandervergnügen.

#alldieschönenFarben #Herbstliebe #Waldpoesie

Die Sonne bringt die schönen Herbst-
farben zum Leuchten.

Strahlend blauer Himmel und rot-grün bis goldfarben leuchtendes Blätterwerk. Für einen richtig tollen »Indian Summer« muss man gar nicht bis nach Nordamerika reisen: Auch in der Nassauischen Schweiz gibt sich der Mischwald diesem intensiven Farbrausch hin. Bereit für die formvollendete Herbstpoesie? Dann auf geht's, nach Lorsbach im Taunus! Vom Bahnhof folgt man den Gleisen Richtung Norden und passiert den Bahnübergang. Dann heißt es bergauf, Richtung Sportplatz, wandern, wo eine Treppe in den Wald führt.

Endlich taucht man hier ein in die bunte Farbpalette des Herbstes, und sie begleitet einen von nun an für den Rest der Tour.

Auf schmalen Pfaden geht es weiter durch Streuobstwiesen, bis die L 3368 erreicht ist. Der Landstraße ein kurzes Stück bergauf folgen, dann linker Hand in einen Waldweg abbiegen, der, wenige Meter weiter, erneut auf die Landstraße stößt. Die Straßenseite wechseln, einen Parkplatz queren und weiter auf dem Buchwaldweg wandern. Ab hier kann

Im Lorsbachtal werden, umgeben von Indian-Summer-Farben in den Bäumen und moosbewachsenen Waldböden, Glücksgefühle freigesetzt.

man sich für die nächsten Kilometer am Eichhörnchen orientieren, das dem Wanderer von den Schildern entgegenblickt.

Nach 3,6 Kilometern bietet sich am Aussichtsturm ein schöner Ort für eine erste Rast, samt herrlichem Blick ins Lorsbachtal. Anschließend geht es gemächlich bergab bis zu einem ehemaligen Bahnhofsgebäude. Gleich dahinter zweigt ein schmaler Weg nach rechts ab, wo man kurz darauf durch eine Bahnunterführung wandert. Dann den Schwarzbach über den Kunosteg überqueren und an der Landstraße links halten – nach etwa 100 Metern führt ein Waldweg bis zum Walterstein hinauf. Einer Sage nach soll sich ein Ritter namens Walter einst aus Liebeskummer die Klippen hinabgestürzt haben. Wie schaurig ...

Es folgt ein weiterer Anstieg, der Schinderhannes-Steig. Auf strapaziöse Höhemeter folgt meistens eine traumhafte Aussicht, und da ist diese Rundwanderung keine Ausnahme. Zum Glück. Wer den höchsten Punkt erst erreicht hat, kann an einer Lichtung ein sagenhaftes Panorama über das Rhein-Main-Gebiet und die Skyline von Frankfurt genießen. Um den Blick auf Mainhattan noch etwas auszu-

Hin & weg: Von Frankfurt mit der S 2 bis Lorsbach-Bahnhof.

Beste Zeit: Goldener Oktober.

Dauer & Strecke: Mit Pausen 5–6 Std. für 11 km.

Ausrüstung: Festes Schuhwerk und Proviant. Ein GPS-Gerät kann gute Dienste leisten, denn der Weg ist nur teilweise beschildert.

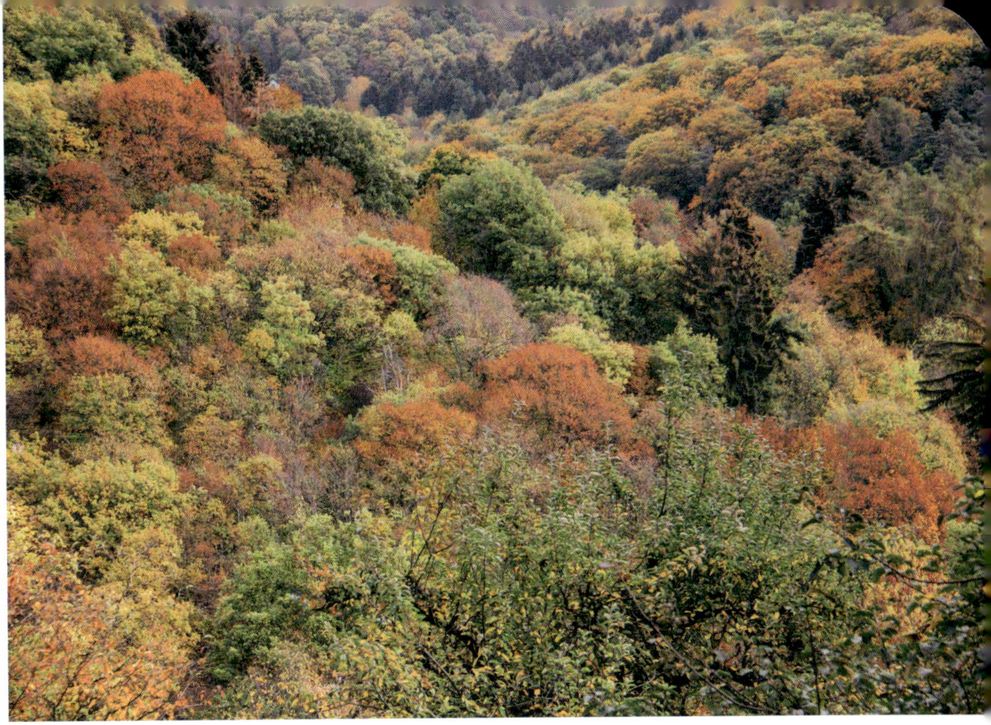

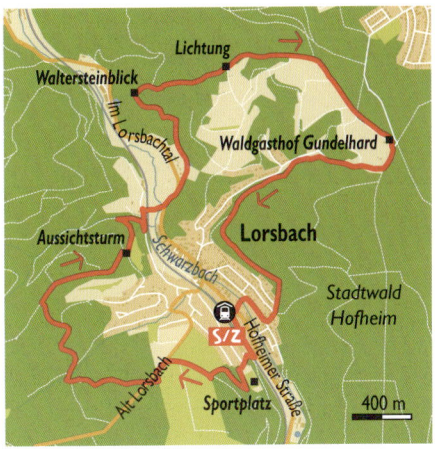

Immer wieder gibt der Weg den Blick ins Tal frei. Grün, gelb, orange, rot – der Wald im herbstlichen Gewand.

kosten, verlässt man für einen Moment den Schinderhannes-Steig und wandert den Waldrand entlang. Kurz darauf taucht man wieder ein in das bunte Blätterdach und wandert bis zur Beschilderung, die nach 800 Metern den Waldgasthof Gundelhard ankündigt. Über einen schmalen Waldweg, der parallel zum Feldweg verläuft, erreicht man ihn.

Gutbürgerliche Küche, ein toller Kamin oder, wenn das Wetter gut ist, ein Biergarten erwarten müde Wanderer hier. Also noch ein bisschen Herbstsonne tanken, ehe es entlang des Waldrandes sanft bergab nach Lorsbach geht.

FAZIT: RUNDWANDERUNG MIT ANSPRUCH UND AUSBLICK – IDEAL, UM DIE NEUE JAHRESZEIT HERBSTLICH WILLKOMMEN ZU HEIßEN.

WALDBOTSCHAFTEN ENTZIFFERN

≥ ... auf dem Erlebnispfad im Binger Wald ≤

#36

Herrliche Ausblicke über den Rheingau genießen und über eine schaukelnde Hängebrücke stolpern. Ein Streifzug durch den Binger Wald macht's möglich. Gewürzt mit einer Prise Entdeckerlust.

Einige Höhenmeter sind zu bestreiten, bevor man den Einstieg zum Erlebnispfad erreicht. Und rein geht's in den ehemaligen Niederwald am Rheinhang, in den herrlichen Buchenwald und dichten Mischwald im Kreuzbachtal. Je nach Jahreszeit verzaubert die Natur mit ihren so vielen kleinen Wundern.

Die Tour beginnt am Binger Hauptbahnhof. Von hier geht es über die Koblenzer Straße in die Prinzenkopfstraße und weiter in den Heilig-Kreuz-Weg. Mit jedem Meter das urbane Bingen hinter sich lassen und immer näher ran an den tiefgrünen Wald. Puh, der recht steile Anstieg kann einen ganz schön

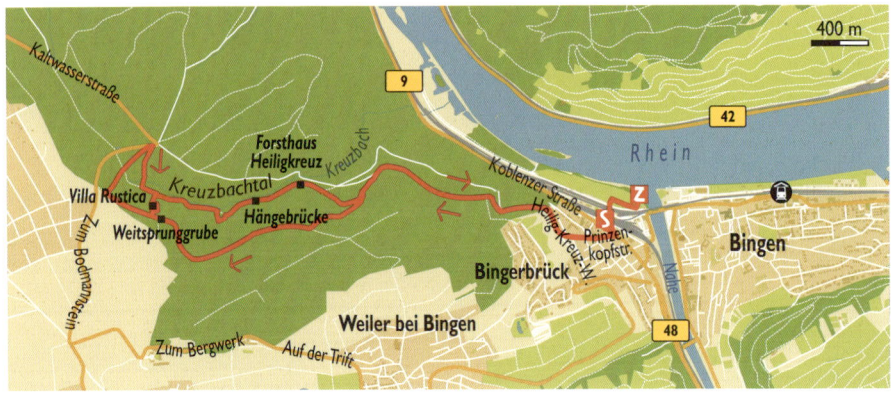

Über herrliche Waldwege geht's von Station zu Station – besonders schön, wenn die Sonne durch die Bäume blinzelt.

zum Schnaufen bringen – belohnt aber schon bald mit einer sensationellen Aussicht auf die Rheinebene!

Kurz darauf zeigt sich auch schon die Binger Waldmaus: An einem der Baumstämme, die während der naturpädagogischen Wanderung die Richtung weisen. Nun warten mehr als 40 Überraschungen am Wegesrand, und sie wollen mit allen Sinnen entdeckt werden. Da stehen plötzlich Wurzeln auf dem Kopf oder Relikte früherer Zeiten, wie die Überreste einer fast zwei Jahrtausende alten Villa Rustica, eines römischen Gutshofs. Auf Baumstämmen können neue Melodien erfunden werden, und man begibt sich auf Spurensuche, liest Fährten kleinerer und größerer Waldbewohner. Selbst wer mit Grauen an den Schulsport zurückdenkt, findet im Binger Wald garantiert einen Anreiz, in den Sandkasten zu jumpen. Wer könnte schließlich dieser Weitsprunggrube widerstehen, die hier zu leichtathletischen Höchstleistungen herausfordert? Juniorförster und Wanderer können sich mit dem Fuchs oder einem Reh auf der Flucht messen, denn ihre Sprungweiten sind angezeigt.

Zum krönenden Abschluss wartet ein wahres Highlight. Über eine Klamm spannt sich eine imposante Hängebrücke – hat jemand Höhenangst? Denn ein kleiner Nervenkitzel ist es schon, auf der Brücke im Binger Wald zu laufen. Als Belohnung, für alle, die sich getraut haben, lockt das Forsthaus Heiligkreuz zu einer Brotzeit, bevor es auf den Rückweg zum Binger Hauptbahnhof geht.

Hin & weg: Der RE 2 fährt von Frankfurt nach Bingen-Hauptbahnhof (mit Halt in Mainz). Von Mainz fährt zudem die RB 26.

Beste Zeit: Sonniger Frühlings- oder Herbstnachmittag.

Dauer & Strecke: 1,5–2,5 Std. für den Rundweg (4,5 km) und je 30–45 Min. für die 3 km von und zum Bahnhof.

Ausrüstung: Bequeme Schuhe und Proviant.

SPRITZTOUR AUF DIE SANFTE ART

≳ ... in der Wetterau ≲

#37

Gemütlich auf dem Drahtesel durch die goldene Wetterau strampeln, vorbei an Seen, wahren Paradiesen für Wasservögel und Amphibien. Und zum Schluss wartet als gebührender Ausklang die entzückende Kurstadt Bad Nauheim.

Auf der Radrundtour ist die Wetterauer Seenplatte ein wahres Schmankerl. Von einer Aussichtsplattform kann man wunderbar die Wasservögel auf dem Pfaffensee beobachten.

Sonnenblumen stehen Spalier und verneigen ihre Köpfe in der sanften Brise. In der Ferne erhebt sich eine Hügellandschaft mit Baumhainen auf den Anhöhen – die Toskana lässt grüßen. Dazwischen eingebettet: die markante Seenlandschaft. Nein, die goldene Wetterau geizt ganz und gar nicht mit ihren Reizen. Im Gegenteil. Sie eignet sich super für einen Tagesausflug mit dem Fahrrad.

Start dieser Rundtour ist der Bahnhof in Bad Nauheim. Begleitet von der Wetter fährt man zunächst durch Wiesen, Felder und an Pferdekoppeln vorbei. An dem Schild »Rosenschule Ruf« biegt man rechts ab. Weiter geht es einige Kilometer geradeaus und dann mitten durch den Ort Wölfersheim. Kurz darauf lockt schon der idyllische Wölfersheimer See und lädt müde Radler dazu ein, ein wenig in der Sonne zu chillen oder die Picknickdecke auszubreiten.

Aber wer darin schon das Highlight seines Tages sah, täuscht sich gewaltig: Eine der schönsten Etappen entlang der Südroute der Wetterauer Seenplatte steht unmittelbar bevor – also jetzt besser etwas gemächlicher in die Pedale treten. Nach verwunschenen Abschnitten taucht man unter einem Dach aus Blättern wieder ins Freie und fährt weiter bis zum Teufelssee und seinem Nachbarn, dem Pfaffensee.

Hin & weg: Mit der Regionalbahn ist Bad Nauheim von Frankfurt in etwa einer halben Stunde zu erreichen.

Beste Zeit: In der Sonnenblumenzeit, von Juni bis Oktober.

Dauer & Strecke: 6–7 Std. für 32 km (mit Pausen und Besichtigung Bad Nauheims).

Ausrüstung: Drahtesel, Verpflegung und ein Fernglas.

Verwunschene Abschnitte auf dem Radweg. Zurück in Bad Nauheim lohnt es sich, vom Sattel abzusteigen und die Eskapade kulinarisch ausklingen zu lassen, etwa im entspannten Café Phono.

Auch hier lohnt es sich, für einen Moment oder auch zwei abzusteigen und die Räder anzuschließen. Am Ende des asphaltierten Weges den Pfad nach rechts einschlagen – dort wartet ein Unterstand mit Aussichtsplattform. Ein paarmal tief ein- und ausatmen. An nichts denken. Einfach nur genießen. Herrlich, dieser Blick übers Wasser und das Naturschutzgebiet. Diese Stille. Ein Traum.

Danach heißt es gemütlich zurück nach Bad Nauheim radeln, vielleicht mit einem Abstecher in die Altstadt mit ihren zahlreichen Einkehrmöglichkeiten. Wie wäre es zum Beispiel mit einer heißen Schokolade im gemütlichen Café Phono? Wer an einem Dienstagnachmittag hier längs kommt, kann noch dazu in der Fußgängerzone über den Wochenmarkt schlendern … und sich von Stand zu Stand schlemmen.

FAZIT: NATURSCHÄTZE PUR – DA KOMMT MAN GAR NICHT MEHR RAUS AUS DEM SCHWÄRMEN.

GENUSS-WANDERN MIT HEIDE-BLICK

 ... bei Siefersheim

#38

Eine Wanderung durch Deutschlands größ-tes Weinbaugebiet hat einen entscheiden-den Vorteil: Denn wo Wein angebaut wird, ist es auch nicht weit bis zum nächsten Winzer und somit zur wohlverdienten Weinschorle. Panoramablick inklusive!

Es war einmal ein junger Mann … und der sah nicht nur gut aus, er war auch reich und noch dazu ein ausgesprochen guter Tänzer. Kurz: Die Frauen lagen ihm zu Füßen. Reihenweise. So auch die Tochter des Müllers von der Katzensteiger Mühle, und glücklicherweise beruhte die Anziehung auf Gegenseitigkeit. Die Sache hatte nur einen Haken: Der Vater des Mädchens war gegen die Verbindung – er hatte einst einen Gerichtsstreit gegen den

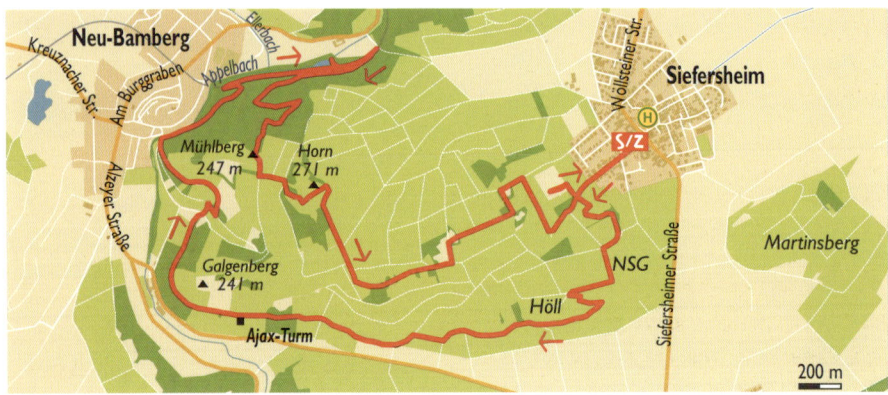

Aus der Serie »Bauwerke im Zeichen der Liebe«. Deutlich bescheidener als das Taj Mahal in Indien: der Ajaxturm in Rheinhessen.

Vater dieses jungen Bauern verloren. Schließlich verheiratete er seine Tochter mit einem Weinhändler, und der junge Mann blieb allein. An der Stelle, wo er seine Geliebte einst immer getroffen hatte, baute er einen Turm. Den Ajaxturm. Hach, wie romantisch …

Nach einem kurzen Weg durch die beschauliche Ortschaft Siefersheim geht es erst ganz gemütlich durch die Weinberge und dann durch das Naturschutzgebiet Höll weiter bis zu eben diesem Turm. Wer sich gar nicht erst mit diesen alten Legenden aufhalten will oder für Herzschmerz eh nicht viel übrig hat, wandert einfach weiter. Leicht bergab und vorbei an einem malerischen Fischteich am Appelbach. Aber jetzt ist doch wohl mal Zeit für eine Pause, oder nicht? Für einen kleinen Abstecher ans Wasser, für ein kleines Chill-out in idyllischem Setting.

Zurück auf der Route streift man die Ortschaft Neu-Bamberg und erreicht, nach einem kurzen steilen Aufstieg, schon die nächste Etappe: Den höchsten Punkt des Mühlbergs. Ein Gipfelkreuz suchen Wanderer vergeblich – dafür gibt's was viel Besseres: eine Relaxliege aus Holz (neben dem steinernen Adlerdenkmal) mit Platz für Zwei! Die nächste Aufgabe für heute ist leicht zu meistern: Im Schatten einer Lärche die Füße hoch legen und den Blick über die Heide schweifen lassen. Herrlich, diese Ruhe. Nur ein gleichförmiges Zirpen. Genau so klingt der Sommer.

Von der Horizontalen zurück in die Senkrechte und runter geht's auf dem leicht abfallenden Pfad durch die Heidelandschaft. Kurz darauf kündigen schon die ersten Reben das Ende der Tour an – und die Belohnung. Der Blick öffnet sich über das Rebenmeer, und nach der nächsten Biegung steht man vor einer Winzeralm. An Wochenenden mit schönem Wetter schmeckt ein Schoppen hier wahrhaft köstlich. Nach ausgiebiger Rast geht es später durch die Weinterrasse wieder zum Ausgangspunkt zurück.

FAZIT: WEIN UND WANDERN. DIE PERFEKTE KOMBINATION.

Hin & weg: Vom Bahnhof Bad Kreuznach mit Bus 440 bis Haltestelle Siefersheim-Mitte.

Beste Zeit: April–Oktober. Im Herbst macht das Weinlaub den Eindruck natürlich perfekt.

Dauer & Strecke: Knapp 12 km Strecke. Mit Pausen und Einkehr 5–6 Std. Orientieren kann man sich an der Beschilderung Hiwweltour Heideblick.

Ausrüstung: Gutes Schuhwerk, Wasser und Proviant. Bei schönem Wetter Kopfbedeckung und Sonnencreme.

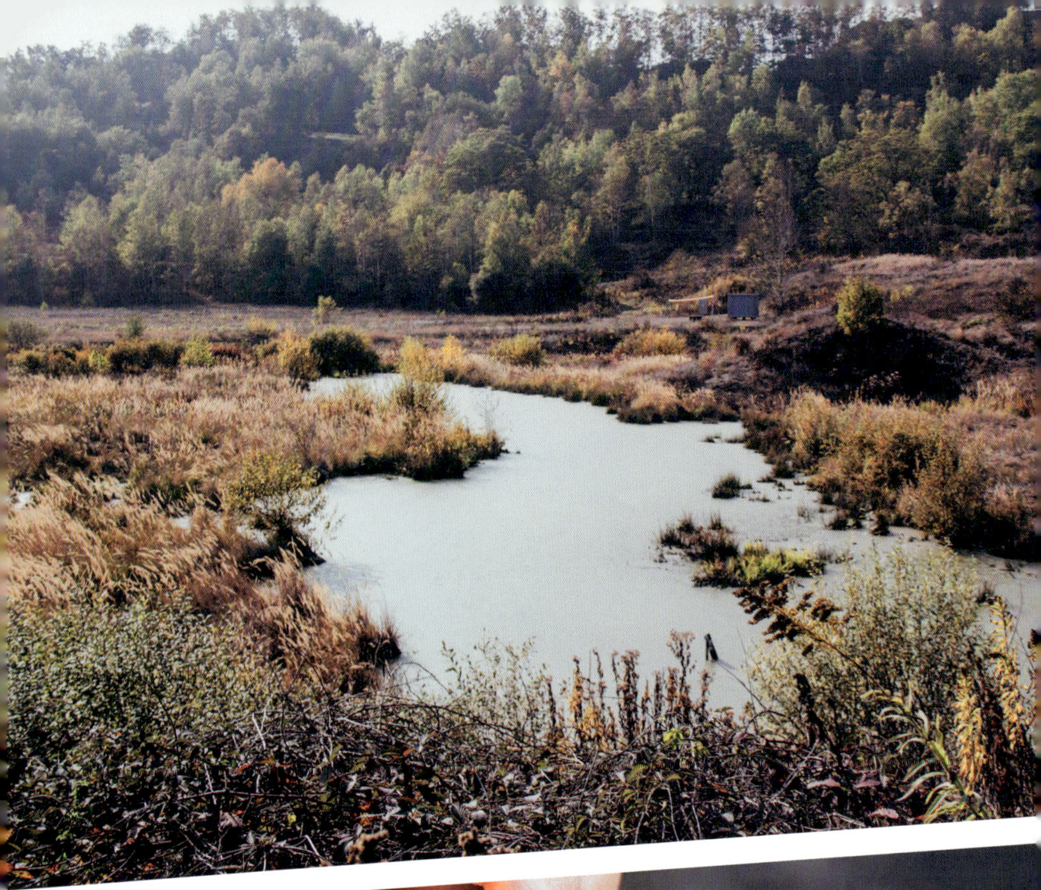

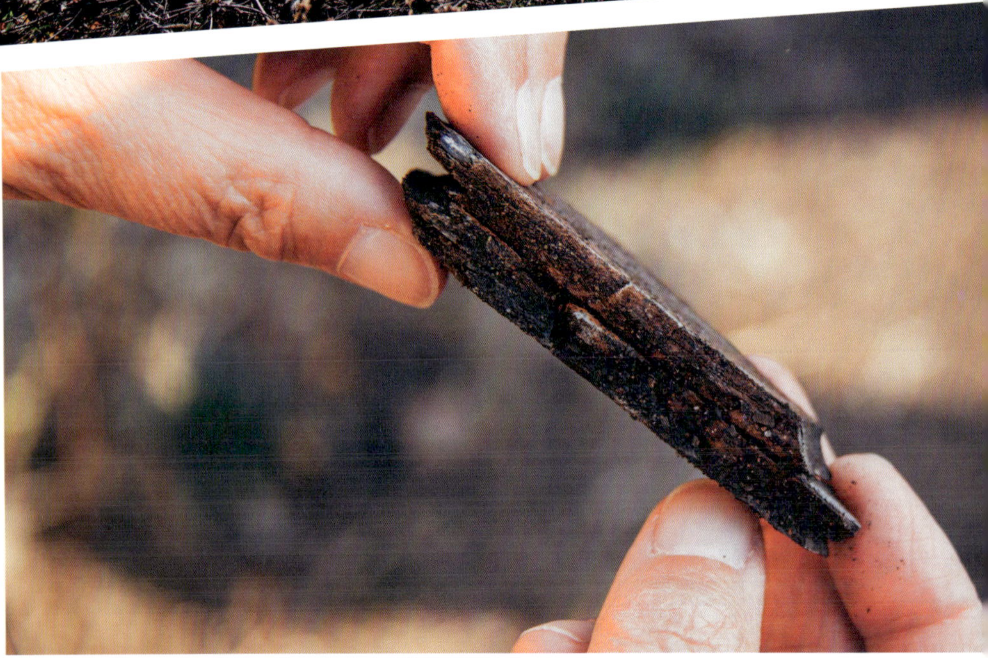

EXPEDITION UR-PFERDCHEN

... in der Grube Messel

#39

Einst sollte sie als Mülldeponie herhalten. Heute ist die Grube Messel UNESCO-Weltnaturerbe. Eine Wanderung durch den stillgelegten Ölschiefer-Tagebau ist zugleich eine Zeitreise: rund 48 Millionen Jahre zurück!

Eine unscheinbare Mulde unweit von Darmstadt. Sumpfige Teiche in karger Landschaft, umrahmt von hoch empor strebenden Bäumen. Unter der Erdoberfläche verbergen sich lange gehütete Geheimnisse. Mehr als 48 Millionen Jahre alte Fossilien werden hier regelmäßig geborgen.

Aber warum sind diese Funde so faszinierend gut erhalten? Ein Vulkanausbruch zeichnet verantwortlich. Eines führte zum anderen: Es bildete sich ein Maarsee; in dem See lagerte sich Ölschiefer ab – und der war es, der die Relikte aus der Urzeit so einzigartig konserviert hat. Selbst die zarte Haut zwischen den Flügeln der Fledermäuse ist noch tadellos erhalten, ohne auch nur einen einzigen feinen Riss. Aber es kommt noch besser: Sogar der Mageninhalt ist teilweise noch vorhanden und

Während einer Grubenwanderung vorbei an Forschungs-
zelten und Sümpfen begibt man sich auf Zeitreise.

erlaubt Wissenschaftlern Rückschlüsse auf
die Lebensweisen der Tiere.

Einer der spektakulärsten Funde sind die
Urpferdchen. Die Pferdchen, die einst das
Rhein-Main-Gebiet – damals ein tropischer
Regenwald – durchstreiften, sind zwar ent-
fernt mit unseren heutigen Pferden verwandt,
waren aber kaum größer als heute ein Terrier.

Entdeckt wurden hier die ersten Fossilien Mitte des 19. Jahrhunderts, als man begann, den
Ölschiefer industriell abzubauen, um Öl zu ge-
winnen. In den Siebzigerjahren wurde der Ab-
bau gestoppt und man sah in der Grube einen
geeigneten Standort für eine Mülldeponie.
Bürgerinitiativen und Wissenschaftler konn-
ten dieses Vorhaben verhindern. Zum Glück.
Denn so ist diese einzigartige Fossilien-
Schatzkammer auch heute noch zugänglich.

Fast ganzjährig führen Geologen durch das
weitläufige Terrain, vorbei an Forschungszel-
ten der Senckenberg Gesellschaft. Während
der Wanderung geben sie Einblicke in die Ent-
stehung der Grube und die Flora und Fauna
vor über 48 Millionen Jahren. Wer noch tiefer
in die Materie eintauchen will: Mehr über die
Entdeckung und Bergung der Fossilien erfährt man bei verschiedenen Sondertouren,
wie zum Beispiel der Sundowner-Führung. In
die Fußstapfen eines Forschers tritt man im
Urwald-Camp – Feldarbeit und Arbeitsweisen
gibt's da hautnah zu erleben.

**FAZIT: FAST JEDER HAT BEREITS VON IHR
GEHÖRT – DIE WENIGSTEN WAREN JE-
DOCH SCHON SELBER DA. ZEIT FÜR DIE
GRUBE MESSEL UND EINEN NEUEN BLICK
AUF DIE WELT.**

Hin & weg: Von Darmstadt mit dem Bus FU bis
zur Haltestelle Grube Messel / Besucherzentrum
Grube Messel.

Beste Zeit: Führungen durch die Grube sind
ganzjährig möglich. Informationen zur Anmeldung
unter www.grube-messel.de/fuehrungen

Dauer & Strecke: Für die etwa 3 km lange
Grubenwanderung und die Besichtigung des
Besucherzentrums sollte man 4–5 Std. ein-
planen.

Ausrüstung: Festes Schuhwerk. Eintrittsgeld.

RAUSCHENDE ZEITEN

 ... auf dem Sprudelweg im Taunus

#40

Im Aartal finden Wanderfreunde ihr Glück ganz leicht. Dichte Wälder geben immer wieder herrliche Blicke in die Ferne frei, und entlang des Weges stößt man nicht nur auf fließende Gewässer, sondern sogar auf erfrischende Mineralquellen.

Es ist früher Morgen. Dichter Nebel hat sich über des Aartal gelegt und verleiht der Landschaft einen friedlichen Zauber. Die Aar, ein Nebenfluss der Lahn, ist mit knapp 50 Kilometern der längste Fluss, der sich durch den Taunus schlängelt. Ihr Plätschern begleitet die ersten Kilometer der Rundwanderung ab dem Kulturhaus Kreml in Zollhaus.

Bereits nach wenigen Hundert Metern zweigt ein Trampelpfad ab, der zum Johannisbrunnen führt. Ein Gedicht Rainer Maria Rilkes ziert die steinerne Wand der Grotte, in deren Inneren sich die Quelle befindet. Das Wasser ist heute nicht mehr genießbar. Anders als die eisenhaltige Erfrischung, die 100 Meter weiter aus der Römerquelle sprudelt. 1583 wurde der Brunnen erstmals urkundlich erwähnt, und zwei

Jahre darauf bewertete ein gewisser Prof. Dr. J. Wolf die Qualität des Sauerbrunnens als noch vortrefflicher als die vielgepriesenen Quellen Bad Schwalbachs.

Nun wandert man weiter entlang der Aar und des Waldrandes, durch Wiesen und am

Hin & weg: Mit der Regionalbahn bis Limburg (Lahn). Von hier weiter ab ZOB Nord mit Bus 567 bis zur Haltestelle Hahnstätten-Zollhaus Bahnhof.

Beste Zeit: Frühling oder Herbst.

Dauer & Strecke: Mit Pausen 5–6 Std. für die 14 km.

Ausrüstung: Ausreichend Proviant; es gibt keine Einkehrmöglichkeiten auf der Strecke. GPS-Empfänger, denn der Weg ist nicht ausreichend beschildert.

Im Zeichen des Wassers: von Brunnen zu Quellen und entlang der plätschernden Aar.

Sportplatz vorbei bis nach Rückershausen. Wer mag, kann nun einen Abstecher zur dritten Mineralquelle, dem Antoniussprudel, machen. Dafür von der Hintergasse links in die Friedrich-Ebert-Straße abbiegen. Gleich nach der Brücke geht's nach rechts. Nach weiteren 100 Metern sieht man den Brunnen schon auf der rechten Seite.

Zurück auf der Friedrich-Ebert-Straße wandert man weiter Richtung Westen, überquert eine alte Bahntrasse – auf ihr kann man heute auf Draisinen entlangbrausen. Nicht heute, wir wollen schließlich wandern. Vielleicht mal bei schlechtem Wetter …

Für uns geht's weiter zum Ortsausgang, wo eine herrliche Etappe durch Wiesen entlang des Frankenbachs führt, vorbei an einer wild blökenden Schafherde. Kurz bevor man die Maarbachquelle passiert, ist Obacht angesagt, denn nun folgt eine etwas knifflige Stelle. Besser einfach den Weg hinter dem Mattenbach frühzeitig nach rechts einschlagen – danach zeigt sich der westliche Taunus erneut von seiner besten Seite. Sonnenstrahlen brechen durch die hohen Baumkronen. Dann öffnet sich der Wald und gibt den Blick frei auf Felder im Schachbrettmuster, die bis zum Horizont zu reichen scheinen.

> **FAZIT: SANFTMÜTIGE TÄLER. TIERISCHE BEGEGNUNGEN. HEIMISCHE URWÄLDER. UND ALL DAS ABGERUNDET MIT SPRITZIGEN ÜBERRASCHUNGEN.**

3. KAPITEL
MINIURLAUB

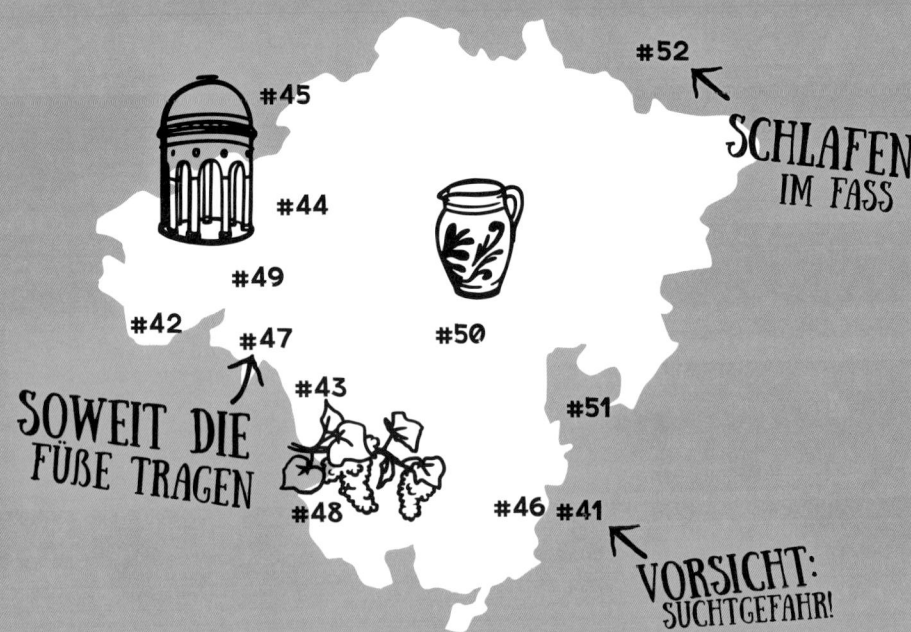

#52
SCHLAFEN
IM FASS

#45

#44

#49

#42

#47

SOWEIT DIE
FÜßE TRAGEN

#43

#50

#48

#51

#46 #41

VORSICHT:
SUCHTGEFAHR!

Ferien für ein Wochenende

Warum in die Ferne schweifen, wenn ganz in der Nähe Strandurlaub unter Palmen, abwechslungsreiche Radwanderwege und das Paddelvergnügen im Kanu warten?

36 H

TOUR DE FRANKEN

… im Odenwald

#41 *Durch Teile Hessens, Bayerns und Baden-Württembergs schlängelt sich der Drei-Länder-Radweg auf einer Gesamtlänge von 225 Kilometern. Bei dieser Etappe von Amorbach nach Michelstadt muss niemand auf ein Bergpanorama verzichten – und das trotz gemütlicher Talfahrt.*

Erster Halt nach dem Start der Radtour: Miltenberg, die »Perle des Mains«.

»Nach Miltenberg am Brunnen rechts!«, feuert ein Mann die Vorbeifahrenden an und winkt mit den Armen. Immer wieder trifft man auf dieser Etappe des 3-Länder-Radwegs, zwischen Amorbach und Michelstadt, auf Passanten und andere Radfahrer, die mit Zurufen einen Hauch Tour-de-France-Feeling versprühen. Wer statt mit dem E-Bike ganz aus eigener Kraft die rund 70 Kilometer meistert, erhält natürlich besonderen Respekt.

Es geht auf gewundenen Wegen über Felder, zwischen Koppeln und Streuobstwiesen hindurch und immer wieder durch bezaubernde Fachwerkstädtchen. Spätestens in Miltenberg taucht man ein in eine Welt aus feschen Trachten und weißblauen Rauten – auch wenn sich die Einheimischen als Franken natürlich eher mit den Farben Rot und Weiß identifizie-

ren. Die Stadt am Main mit der weitläufigen Uferpromenade, hinter der sich die Altstadt erstreckt, bietet nach neun Kilometern viele Einkehrmöglichkeiten für eine erste Pause. In der Fußgängerzone findet man übrigens auch eines der ältesten Gasthäuser Deutschlands, das Gasthaus zum Riesen (www.riesen-miltenberg.de). Der Weg führt kurz nach Miltenberg eine weite Strecke entlang des Mains und windet sich hinter Obernburg abwechselnd durch Wiesen und Wald. Begleitet wird man dabei oft vom Plätschern der Mümling, einem Zufluss des Mains, den man spätestens an einer besonders schönen, ja fast schon verwunschenen Strecke kurz vor Michelstadt geradezu lieb gewinnt.

Nur selten strampelt man auf den 70 Kilometern schnaufend Hügel hinauf. Aber immerhin kann man sich – wenn es doch mal vorkommt – oben angekommen, ausruhen und sein Rad einfach rollen lassen. Die meisten Abschnitte dieser Etappe sind kaum strapaziös. Ideal für Familien mit Kindern. Bis auf wenige kurze Abschnitte sind die Radwege geteert – wer braucht da schon ein Mountainbike?

An Unterkünften ist für jeden Geschmack und Geldbeutel was dabei. Preiswerte und einfache Zimmer mit Siebzigerjahre-Charme gibt es zum Beispiel auf etwa halber Strecke im Hotel Tannenhof in Erlenbach.

Hin & weg: Mit dem Zug von Aschaffenburg über Miltenberg nach Amorbach. Zurück von Michelstadt mit der Regionalbahn nach Darmstadt oder mit Umsteigen bis Amorbach. Am Wochenende fährt der NatourBus.

Beste Zeit: Wenn das Thermometer auf sommerliche Temperaturen klettert.

Dauer & Strecke: Mindestens 2 volle Tage für 70 km.

Ausrüstung: Fahrrad, Wasser und Proviant.

Wenn es Nacht wird: Besonders in der Nebensaison kann man es getrost dem Zufall überlassen und einfach drauflos radeln; die Tagesetappe einfach nach Belieben beenden. Wer früher anreist: In Amorbach ist der Gasthof Schmelzpfanne zu empfehlen.

ANLEITUNG ZUM ABHÄNGEN

> ... Baumzelten im Binger Wald

#42

Sich beim Bogenschießen wie Robin Hood fühlen, umgeben von allen nur vorstellbaren Grünschattierungen. Kraft tanken und als Clou die Nacht im Wald verbringen. In einem Zelt, das in der Luft schwebt.

#träumenunterBäumen #Hunsrück #RobinHood #Fußballgolf

Träumen zwischen Bäumen, mitten
im Binger Wald.

Einen besseren Start könnte es kaum geben: Das Probeliegen beginnt mit einem herzhaften Lachanfall. Der erste Camper hat sich in das Zelt gehievt, das bis zu 1,5 Meter über dem Boden baumelt, und es ordentlich ins Schwanken gebracht – und es schaukelt noch immer, während der Nächste versucht, einzusteigen. Mit Schlagseite hin zu der bereits sitzenden Person. Wie soll man da aufhören zu lachen, bis die Plätze verteilt sind und sich das Zelt eingependelt hat?

Etwa zwölf Kilometer von Bingen am Rhein entfernt liegt im dichten Mischwald des Hunsrücks die Lauschhütte, ein uriges Forsthaus mit tannengrünen Fensterläden, einer gemüt-

Viel auszukundschaften und auszuprobieren gibt's rund um die Lauschhütte. Von Baum zu Baum im Kletterwald, zum Beispiel. Auch der Salzkopfturm ist nicht fern – mit phänomenaler Aussicht.

lichen Terrasse und einem Geweih an der holzvertäfelten Fassade. Drum herum der Binger Wald mit einer beachtlichen Anzahl an Wanderwegen für jede Kondition und Ausdauer (eine Tafel mit ausgezeichneten Wanderwegen gibt's an der Lauschhütte). Streckenweise lassen sich hier die Prädikatswanderwege RheinBurgenWeg und Baumgeister-Tour erwandern. Auch der Salzkopfturm lockt viele Wanderfans zum Aufstieg; oben angekom-

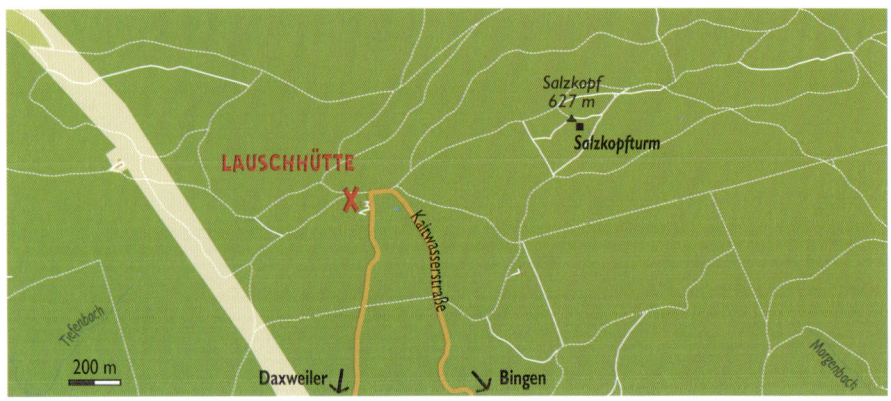

Bogenschießen à la Robin Hood. Und keine Sorge: Das Reh ist natürlich nur eine Attrappe.

men, bietet sich bei entsprechender Witterung eine Sicht bis nach Frankfurt.

Auch unmittelbar um das Forsthaus haben Naturliebhaber und Waldabenteurer viel zu entdecken und auszuprobieren. Die Lauschhütte wartet mit einem ganzen Outdoorpark auf. Im Kletterwald geht es hoch hinauf. Wie Robin Hood im Sherwood Forest fühlt sich, wer erst Pfeilköcher und Bogen schultert.

Der neueste Schrei im Programm ist Fußballgolf, eine Trendsportart aus Skandinavien, die, wie der Name schon sagt, Elemente von Fußball mit Golf verbindet. Neben fußballerischem Talent sind hier auch Teamfähigkeit und taktisches Kalkül gefordert.

Für die Nacht stehen einfache überdachte Hängematten, Baumzelte und komfortabel ausgestattete Baumhäuser zur Wahl. Besonders das Erlebnest ist in den Sommerferien heiß begehrt (unbedingt früh buchen!). Wer ganz nah an der Natur nächtigen will, entscheidet sich am besten für das Baumzelt.

> **FAZIT: WENN DIE NACHT HEREINBRICHT, GIBT ES NUR NOCH DIE MUSIK DES WALDES. EINE TOLLE ESKAPADE FÜR CAMPING-AFFINE ABENTEURER.**

Hin & weg: Mit dem ÖPNV sind Lauschhütte und Kletterwald schwierig zu erreichen. Also diesmal ins Auto steigen und von Bingen durch Weiler und Warmsroth fahren. Hier weiter auf die K 37. Vor Daxweiler rechts abbiegen auf die K 36 und weiter auf die K 29 bis zum Ziel.

Beste Zeit: Sommer, wenn die Nächte mild und mit Glück sogar sternenklar sind.

Dauer & Strecke: Einen vollen Tag mit Wandern (es gibt genügend Strecken zur Auswahl) und anderen Aktivitäten einplanen. Nach einer Nacht im Wald geht es am nächsten Morgen erholt zurück in die Zivilisation.

Ausrüstung: Mückenschutzmittel, Bargeld für Übernachtung und Freizeitaktivitäten.

Wenn es Nacht wird: Unbedingt zu empfehlen ist die Übernachtung im Baumzelt. Wer lieber im etwas komfortableren Erlebnest logieren möchte, sollte früh buchen: www.kletterwald-lauschhuette.de

SONNEN-MILCH UND STERN-SCHNUPPEN

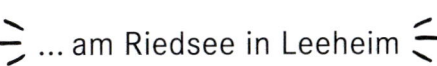 ... am Riedsee in Leeheim

 **#43**

Unter den Füßen puderzuckerfeiner Sand, über dem Kopf schattenspendende Palmen. Für eine ordentliche Dosis Strandurlaub-Feeling braucht es keinen Langstreckenflug in südliche Gefilde. Eine kurze Fahrt nach Leeheim genügt vollkommen.

Es ist eigentlich eine Schande. Denn genau dann, wenn es am schönsten ist, lässt der Riedsee bei Leeheim die Rollläden am Kassenhäuschen herunter und bittet die Gäste via Lautsprecher, den Heimweg anzutreten. Jetzt, wo die Temperaturen es endlich zulassen, den Schattenplatz gegen ein lauschiges Plätzchen in der Abendsonne einzutauschen. Wenn sich die Geräuschkulisse verändert und anstelle des Tumults der Badegäste der Gesang der Vögel dominiert. Warum nicht heute mal bleiben statt mit den anderen Besuchern durch die Drehtür verschwinden? Spritzige Drinks in der Strandbar bestellen, ehe sich die Barkeeper ebenfalls in den Feierabend verabschieden. Im Liegestuhl mümmeln, am Strohhalm schlürfen und beobachten – zugegebenermaßen mit leichter Schadenfreude –, wie die letzten Sonnenanbeter ihre Sachen zusammenpacken und zum Ausgang marschieren. Wer bleiben darf, gehört zu den glücklichen Campinggästen. Noch glücklicher ist, wer sogar einen Zeltplatz in der ersten Reihe ergattern konnte – und den See jetzt fast wie eine private Oase genießen kann. Die Badeinsel, auf der sich nur einen Augenblick zuvor noch eine Gruppe Teenager sonnte, liegt

Hin & weg: Vom Bahnhof Groß-Gerau mit Bus 22 bis Trebur-Geinsheim/Friedhof. Anschließend mit Bus 46 bis Riedstadt-Leeheim/Geinsheimer Straße. Von hier sind es knapp 15 Gehminuten.

Beste Zeit: Hochsommer. Für Wochenenden und Sommerferien früh buchen (www.riedsee.de)!

Dauer: 2 Tage. Man kann hier aber auch gut und gerne einen richtigen Kurzurlaub zubringen.

Ausrüstung: Badesachen, Luftmatratze, Mückenspray, Sonnencreme, Grillgut und Zelt.

Wenn es Nacht wird: Den Sternenhimmel bestaunen und dann nichts wie hinein ins Zelt.

Am Abend hat man den See so gut wie für sich. Perfekt zum Erholen oder um mal wieder eine Wasserschlacht anzuzetteln.

jetzt ruhig in der Mitte des Sees. Ein paar zurückgelassene Förmchen stecken verstreut um eine Sandburg herum. Vom Campingplatz strömt verführerischer Grillduft an den Strand. An kühleren Tagen können sich die Gäste sogar an einem Lagerfeuer aufwärmen.

Genügsame bleiben noch eine Weile mit dem Cocktail am Sandstrand sitzen, blicken auf die pastellfarbenen Wolken, die sich in der Wasserfläche spiegeln, bis sich die Nacht über den See legt – um dann Ausschau nach Sternschnuppen zu halten.

Am nächsten Morgen wartet bereits das nächste Vergnügen, das allein den Campinggästen vorbehalten ist. Der anbrechende Tag am See – oder im See! Gleich nach dem Aufstehen, noch vor der Tasse Kaffee und den Brötchen, die man am Kiosk kaufen kann, die erste Runde im Badesee ziehen: Kann es in der Südsee noch schöner sein? Oder gibt es etwas Besseres, als aus dem Schlafsack zu kriechen, die frische Luft tief einzuatmen und keine Minute später bereits am Ufer zu stehen und den großen Zeh prüfend ins Wasser zu tauchen? Danach einfach langsamen Schrittes auf der sich sanft senkenden Sandbank in den See waten, bis einem das Wasser bis zum Halse steht. Im positiven Sinne versteht sich. Es ist ganz leicht und die Kälte ist bald vergessen, hat man sich erst mit den Zehenspitzen vom sandigen Boden abgestoßen und den Zustand der Schwerelosigkeit erreicht, um ganz erfrischt durchs kühle Nass zu gleiten. An einem frühen Sommermorgen hat man diesen XXL-Pool ganz für sich allein. Einfach genial.

FAZIT: NUR EINE SACHE IST ERHOLSAMER ALS EINE NACHT AM SEE: DIE AUSSICHT AUF EINE ZWEITE NACHT AM SEE.

ZEITREISE

⇒ ... in und um Idstein ⇐

#44
Wandern entlang des Limes und nächtigen hinter altehrwürdigen Gemäuern. Diese Eskapade schmeichelt der Entdeckerlaune und verbindet Natur mit Kultur – was will man mehr?

Umgeben von der Natur des Taunus, idyllisch eingebettet in einen Talkessel, liegt die Stadt Idstein mit ihrem mittelalterlichen Stadtkern. Bei einem Gang durch verwinkelte Gassen mit charmanten Namen wie Zuckerberg oder Kaffeegasse landet jeder früher oder später unweigerlich auf dem König-Adolf-Platz und damit im Herzen der Stadt. Nun einfach die Stufen zum Rathaus hinaufspazieren und weiter durch den Torbogen gehen, schon steht man vor dem Hexenturm und dem dahinter liegenden Residenzschloss.

Vom prachtvollen Anwesen, in dem heute Gymnasiasten die Schulbank drücken, führen Stufen hinab in den Schlosspark. Am Teich vorbei gelangt man auf einem Spazierweg zu den Hochbeeten des Bürgergartens – ein generationenübergreifendes Projekt engagierter Idsteiner. Den gleichen Weg nimmt man später, um zurück nach Idstein zu kommen. Bevor es dort zur Unterkunft geht – zum Beispiel in den 400 Jahre alten Höerhof,

---

Hin & weg: Vom Wiesbadener Hauptbahnhof fährt die RB 21 in einer halben Stunde nach Idstein.

Beste Zeit: Sobald sich die ersten Frühlingsboten zeigen, bis zum goldenen Herbst.

Dauer & Strecke: 2 Tage für die beiden Rundwege (2,5 und 11 km) und die Besichtigung der historischen Altstadt.

Ausrüstung: Gutes Schuhwerk, Proviant, GPS-Gerät (die Routen sind teils schlecht ausgeschildert).

Wenn es Nacht wird: Stilvoll-rustikal residieren, mit einem sagenhaft guten Frühstück, lässt es sich im Höerhof (www.hoerhof.de). Etwas preisgünstiger, aber ebenfalls zentral und urig, nächtigt man im Hotel Taunushof (www.taunushof.com)

Sich vor den Toren Idsteins auf die Spuren der Römer begeben. Wie hier auf einem Limesrundweg am Kastell Zugmantel.

den die Idsteiner liebevoll »das Schlösschen« nennen – kann man noch weiter in den Jahrhunderten zurückreisen und den Tag in der urigen Kartoffelküche gemütlich ausklingen lassen (www.diekartoffelkueche.de).

Am nächsten Tag geht's zu den alten Römern, die auf 550 Kilometern ihre gewaltige Grenzanlage zwischen Donau und Rhein errichteten. 15 Kilometer des Limes führen durch die Felder und Wälder Idsteins. Rund sechs Kilometer von Idstein entfernt trifft man auf Relikte dieser Zeit. Ein 2,5 Kilometer langer, gut ausgeschilderter Limesrundweg führt um das Kastell Zugmantel, das die Römer um 90 n. Chr. errichteten, um ihren Grenzwall zu sichern.

Bei einer weiteren, rund 11 Kilometer langen Tour kommt man sogar bei einem originalgetreu rekonstruierten Limes-Wachturm vorbei. Die Rundwanderung führt von der Idsteiner Altstadt entlang des Wolfsbaches bis zum Saum des Fürstenwaldes. Kurz darauf wird abgetaucht im saftigen Grün. Nach dem Streifen der beschaulichen Ortschaft Dasbach erreicht man den Limeswachturm (von April bis Oktober jeweils am ersten Sonntag im Monat ist er für Besucher geöffnet). Zurück nach Idstein geht es durch das Tal, vorbei an Wiesen, Koppeln und dem Hofgut Gassenbach.

FAZIT: EIN WOCHENENDTRIP FÜR FACHWERKVERLIEBTE HOBBY-HISTORIKER.

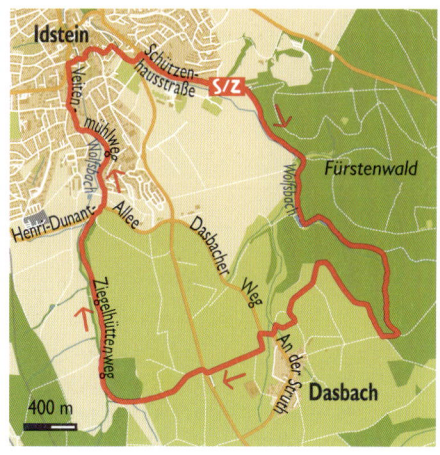

AUF WINNETOUS FÄHRTE

⋝ ... auf der Lahn ⋜

#45 *Zwei Tage die Lahn entlangpaddeln. Da Halt machen, wo es gefällt, in schilfumrahmten Buchten und an Stegen kleiner Ortschaften. Auf halber Strecke bietet sich das entzückende Weilburg für eine Übernachtung an, bevor es am nächsten Morgen weitergeht – immer mit dem Strom.*

Nur Fliegen ist schöner. Dicht gefolgt vom Paddeln auf der Lahn.

Denn für die Übernachtung und die Nutzung der sanitären Anlagen werden einfach 10 Euro in das Gästebuch gelegt. Nach Zeltaufbau und erfrischendem Radler zur Belohnung für die souverän gemeisterte erste Etappe bleibt genug Zeit für einen Streifzug durch Weilburg. Hoch oben mit bester Aussicht auf die Lahn thront das barocke Wahrzeichen der Stadt, das Schloss Weilburg. Drum herum erstreckt sich die Altstadt des staatlich anerkannten Luftkurortes mit ihren Fachwerkhäusern, verwinkelten Gassen und dem Marktplatz, der an warmen Abenden ohne Probleme mit italienischen Piazze mithalten kann.

Am nächsten Morgen offenbart sich das Weilburger Postkartenmotiv schlechthin schon durch das Fliegennetz des Zeltes. Frisch gestärkt und Proviant aufgefüllt? Dann auf geht's zur zweiten Etappe! Den Kanadier zu Wasser

Mit eleganten Flügelschlägen gleitet ein Graureiher vorbei. Im gleichen Rhythmus taucht das Paddel durch die Wasseroberfläche, in der sich bauschige Schäfchenwolken spiegeln. Beim Wasserwandern findet die Entschleunigung ganz automatisch statt. Gemächlich wird das Lahntal aus einer neuen Perspektive erlebt. Da heißt es in Leun ins Kanu steigen und immer weiter entlang des grüngesäumten Ufers paddeln (am beschaulichen Selters vorbei) Schleusen passieren und ruhige Buchten zum Rasten ausfindig machen.

Genau zur rechten Zeit, wenn die Arme müde werden, strandet das Boot am Nachmittag in Weilburg. Auf der idyllisch gelegenen Wiese des Rudervereins findet man das ideale Fleckchen, um das Zelt aufzuschlagen. Das Motto der Betreiber ist: Einfach nur mal vertrauen.

Hin & weg: Zahlreiche Kanu-Verleihe bieten Mehrtagestouren zwischen Gießen und Limburg an – und holen das Boot am vereinbarten Ziel wieder ab. Die Lahnbahn tuckelt einen nach der Tour wieder zum Startpunkt.

Beste Zeit: Am schönsten im Hochsommer bei Kaiserwetter.

Dauer & Strecke: 2 volle Tage für etwa 27 km von Leun nach Aumenau einplanen.

Ausrüstung: Proviant, Wasser, Kopfbedeckung und Mückenspray.

Wenn es Nacht wird: Auf der Strecke bieten sich zahlreiche Übernachtungsmöglichkeiten, ob Hotel oder Campingplatz. Sehr zu empfehlen ist der Platz des Rudervereins Weilburg, idyllisch am Wasser gelegen mit Blick auf das Schloss (www.weilburger ruderverein.de). Die Zeltwiese ist klein, aber fein; die Sanitäranlagen sind recht einfach.

Morgens aus dem Zelt kriechen und vom Schloss Weilburg begrüßt werden – einfach traumhaft.

gelassen und ab durch den Schiffstunnel und die Koppelschleuse in Weilburg. Sportliche Frühaufsteher paddeln am zweiten Tag vielleicht sogar bis Runkel, andere erreichen ihr Etappenziel schon im knapp 15 Kilometer entfernten Aumenau. Auch heute wartet wieder eine malerische Strecke mit eigenwilligen Stromschnellen und urwüchsiger Natur. Oft kommt einem an zwei Tagen gerade mal ein einziges kleines Motorboot entgegen. Die meisten halten es auf der Lahn wie Winnetou: Schweigend und besonnen im Kanadier sitzen, das Ziel irgendwo in der Ferne erspähen.

FAZIT: EIN BESONDERES NATURERLEBNIS MIT AMAZONAS-FEELING UND POSTKARTENANSICHTEN.

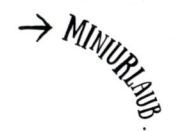

BERGAUF UND BERGAB

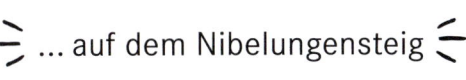

... auf dem Nibelungensteig

#46

Rache und Liebe, Betrug und Treue. Die Nibelungensage ist auf dieser Entdeckungsreise durch den sagenumwobenen Odenwald ein steter Begleiter. Als Krönung gibt's fantastische Aussichten on top.

Schon vor der Ankunft bleiben keine Zweifel offen, dass man sich inmitten des Nibelungenlandes befindet. Von der Siegfriedstraße in Lindenfels biegt man ab in die Nibelungenstraße, und auch die Guntherstraße ist nicht fern. In dem Kurort Grasellenbach befindet sich sogar der Brunnen, an dem Siegfried von seinem Widersacher Hagen hinterrücks getötet worden sein soll.

Auf 14 Kilometern schlängelt sich von hier der Nibelungensteig durch die Mittelgebirgslandschaft bis nach Lindenfels, und von dort führt die zweite Etappe bis nach Grasellebach. Immer wieder stößt man auf Komponenten dieser berühmten Geschichte um Helden und Drachen und fragt sich am Ende vielleicht, ob der Schatz der Nibelungen vielleicht doch noch irgendwo im Rhein verborgen liegt.

Am ersten Tag lädt die idyllisch gelegene Stadt Lindenfels zu einer Erkundungstour ein. Im Drachenmuseum und der mittelalterlichen Burg mit ihrem Kräutergarten fällt es nicht schwer, sich auf geheimnisvolle Sagen und

Panoramen warten auf dem Nibelungensteig en masse, wie von der Burg Lindenfels. Am nächsten Wandertag entschädigen die Höhenmeter zur Walburgiskapelle mit Fernblicken.

Mythen einzustimmen ... Zum frühen Abend beginnt man die mit einem roten »N« gekennzeichnete Wanderung am Drachenmuseum unterhalb der Burg. Der Weg führt zunächst durch die Fußgängerzone mit ihren charmanten Fachwerkhäusern und dann über die Nibelungenstraße. Es folgt ein kurzer Anstieg, der schon bald einen herrlichen Blick auf Lindenfels und die Burg offenbart.

Wer die Aussicht hinreichend ausgekostet hat, nimmt den schmalen, verwunschenen Pfad hinab direkt zur Unterkunft, dem Landgasthof Waldschlösschen.

Am nächsten Morgen geht es gerade mal sieben Stufen im Garten des Gasthofes hoch, und schon steht man wieder auf dem Nibelungensteig. Der Weg führt durch dichten Mischwald, der sich immer wieder öffnet und weite Blicke auf die Landschaft des Odenwalds freigibt. Schon bald passiert man eine Abzweigung zum Landgasthof Ostertal, einer Übernachtungsalternative zum Waldschlösschen.

Den Osterbach über eine Holzbrücke überquert, erreicht man bald den Fürther Ortsteil Weschnitz. Nun geht es abermals, über mehrere Etappen und einen Serpentinenpfad, steil

den Kapellenberg hinauf, bis zur Walburgiskapelle. Als Belohnung für jeden zurückgelegten Höhenmeter wartet ein herrlicher Blick ins Tal bis nach Lindenfels!

Die letzten Kilometer windet sich der Steig durch das Gassbachtal, vorbei an dem abgeschieden im Grünen gelegenen Café Bauer, das bis weit über das Land der Nibelungen hinaus für seine süßen Meisterwerke in Form von Kuchen, Torten und Pralinen bekannt ist. Hmmm. Sündig und glücklich wandert es sich die letzten Meter bis nach Grasellenbach umso gemütlicher.

Hin & weg: Vom Bahnhof Bensheim fährt die Buslinie 665 nach Lindenfels. Von Grasellenbach geht es über Weinheim zurück nach Bensheim.

Beste Zeit: Am schönsten im Frühling und Herbst, aber auch im Sommer ideal, da weite Teile des Weges schattig im Wald liegen. Achtung: Montags bleiben die meisten Lokale sowie das Drachenmuseum geschlossen.

Dauer & Strecke: 2 Tage für die Besichtigung von Lindenfels und Grasellenbach sowie die Wanderung von insgesamt 14 km.

Ausrüstung: Wanderschuhe und Proviant. Zwischen Lindenfels und dem Café Bauer kurz vor Grasellenbach gibt es keine Einkehrmöglichkeit.

Wenn es Nacht wird: In uriger Atmosphäre übernachten und essen kann man im Landgasthof Waldschlösschen in Lindenfels, das direkt am Nibelungensteig liegt (www.waldschloesschen-web.de). Alternativ bietet sich nach etwa 5 km, mit einem kleinen Umweg, der Landgasthof Ostertal an (www.ostertal-odenwald.de).

FAZIT: ANSPRUCHSVOLLE UND VIELSEITIGE TOUR, DIE SOFORT LUST AUF DAS NÄCHSTE ABENTEUER WECKT.

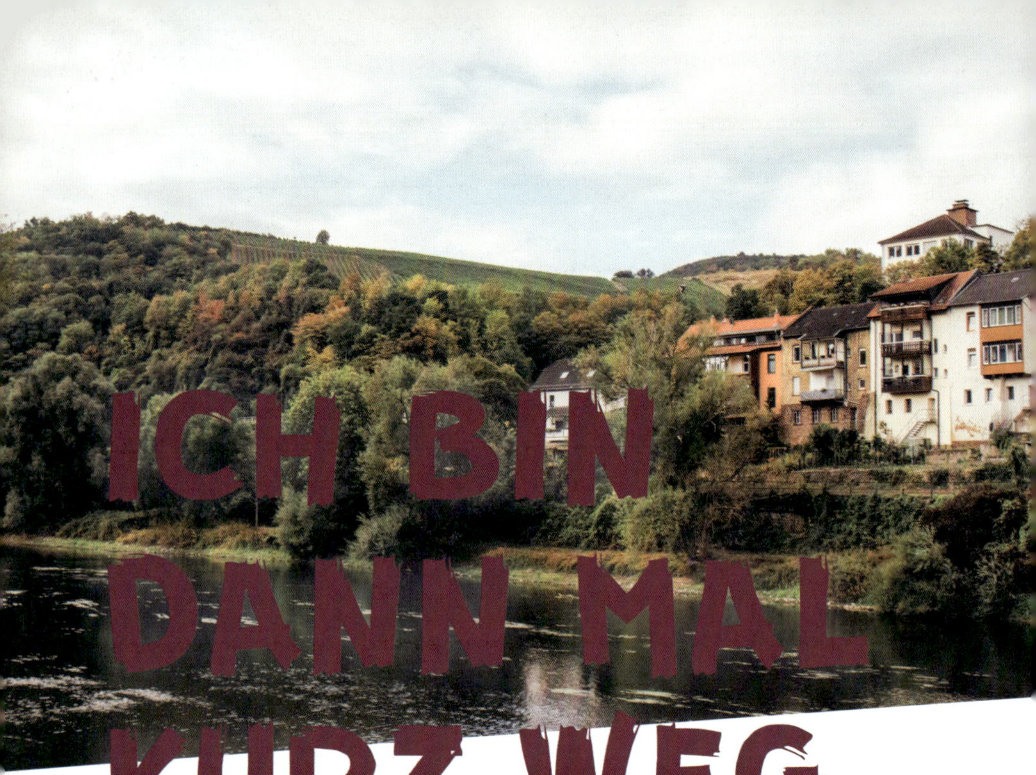

ICH BIN DANN MAL KURZ WEG

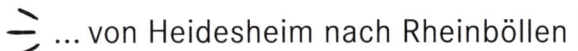

... von Heidesheim nach Rheinböllen

#47

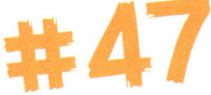

Einfach loslaufen. Immer einen Fuß vor den anderen setzen und schauen, wie weit die Beine tragen. Unterwegs sein mit leichtem Gepäck, begleitet von einer Prise Freiheit – das kann man als Wochenendpilger auf dem Jakobsweg.

#Probepilgern #derMuschelnach #Gedankenfreiheit

Den Rucksack packen und laufen, bis die Füße müde werden – so fühlt sich Freiheit an.

Er ist der berühmteste Pilgerweg der Welt. Spätestens seit Hape Kerkeling und Paulo Coelho in Büchern von ihren Erlebnissen und Erfahrungen auf dem Jakobsweg erzählten, finden sich Unzählige, die ihnen nacheifern. Viele, die die Strecke bis zum Grab des Apostels Jakobus in der Kathedrale von Santiago de Compostela im spanischen Galicien gehen, sind religiös motiviert. Andere stecken in einer Sinnkrise, suchen unterwegs nach sich selbst. Wieder andere wollen ihre psychischen und physischen Grenzen ausloten.

Auch durch Deutschland führen einige Abschnitte des Jakobswegs, klassisch markiert mit einer gelben Muschel auf blauem Grund – zum Beispiel von Heidesheim ins 44 Kilometer entfernte Rheinböllen.

Der erste Tag eignet sich gut zum Warmwerden und Sich-Anfreunden mit dem neu erworbenen Nomadentum. Man läuft mit wenig Höhenunterschieden durch Weinberge. Linker Hand tut sich bald der Bismarckturm von Ingelheim auf. Ein Abstecher hinauf lohnt sich:

Wer die Stufen auf die Aussichtsplattform erklommen hat, genießt einen herrlichen Blick auf den Rheingau.

Später neigt sich der Weg Richtung Rhein und führt vor Bingen am Wasser entlang. Auf der

Ein kurzer Umweg zum Bismarckturm belohnt mit Blick über den Rheingau.

anderen Flussseite erkennt man die Abtei St. Hildegard und das Niederwalddenkmal, umrahmt von Weinbergen. Am zweiten Tag setzt man den Weg von der Binger Innenstadt aus fort. Der offizielle Pfad führt durch die Gaustraße. Der parallel verlaufende Fußweg entlang der Nahe ist aber viel netter. Nach etwa einem Kilometer überquert man den Fluss und läuft bergauf durch dichten Wald und über Felder. Nach der Ortschaft Weiler geht es ein Stück Landstraße entlang. Das ist vollkommen OK, denn Verkehr gibt's kaum. Anschließend zweigt ein Forstweg in den Binger Wald ab, wo man bald das Forsthaus Lauschhütte erreicht (Eskapade #42). Am Wochenende oder an einem Feiertag unterwegs? Glück gehabt, denn in dem Gasthaus kann man dann einkehren – und leider nur dann.

Weiter geht die Pilgerreise durch den Wald. Nach einem Stück Schotterweg führt ein kurzer Abschnitt querfeldein über Wurzelwerk und vorbei an zwei Bogenschießstationen. Es folgen anspruchsvolle Etappen bergauf, die aber mit weitschweifenden Ausblicken belohnt werden. Anschließend führt der Weg gemächlich bergab. Reißt über den Feldern die Wolkendecke auf, dann bietet sich hier ein fast episches Lichterschauspiel – und genau unter den Sonnenstrahlen liegt unser Ziel: Rheinböllen. Santiago ist später dran ...

FAZIT: PROBEPILGERN MIT VIELEN GEMÜTLICHEN, ABER AUCH EIN PAAR ANSTRENGENDEN ABSCHNITTEN.

Hin & weg: Von Mainz-Hauptbahnhof mit der RB 26 oder 33 nach Heidesheim. Zurück nimmt man am Busbahnhof in der Simmerner Straße in Rheinböllen den Bus 230 nach Bingen. Weiter geht's mit der RB 26 oder dem RE 2 nach Mainz.

Beste Zeit: Bei freundlichem Wetter im Frühling oder Frühherbst.

Dauer & Strecke: Mindestens 2 Tage für 44 km. Wer nun erst so richtig auf den Geschmack gekommen ist, pilgert noch ein Stück weiter über Simmern und Kirchberg in Richtung Trier. Mehr: www.jakobswege-europa.de/wege/fulda-mainz.htm

Ausrüstung: Gutes Schuhwerk, Kleidung zum Wechseln und Proviant. Weniger ist hier definitiv mehr.

Wenn es Nacht wird: Die Jakobswege in Deutschland können leider nicht mit Herbergen à la Camino aufwarten. Zu empfehlen ist z. B. das Hotel Würth am Freidhof in Bingen (www.wuerth-am-freidhof.de).

ZWISCHEN RIESLING UND MERLOT

... von Worms nach Mettenheim

#48

Von Weinort zu Weinort durch Rhein-hessens Kulturlandschaft. Nach insgesamt 22 Kilometern, auf zwei Tage verteilt, kehrt man vergnügt und mit einem süffigen Souvenir im Gepäck nach Hause zurück.

#Rheinhessen #Weinwandern #Kabinett #Reben&nochmehrReben

Vertrautes Bild auf dem Rheinterrassenweg: Reben und noch mehr Reben.

Der Rheinterrassenweg führt auf rund 75 Kilometern von Worms bis Mainz und lässt sich nach Lust und Laune in Teilabschnitten erwandern. Die ersten zwei Etappen verbinden Worms mit Mettenheim. Das dazwischen liegende charmante Winzerstädtchen Osthofen ist ideal für eine Übernachtung.

Mit Sack und Pack am Wormser Bahnhof angekommen? Das grün-weiße Schild ist flugs entdeckt, auf dem sich der Rhein durch eine weinrebengrüne Landschaft schlängelt. Im-

mer dem Symbol nach geht es über die Von-Steuben-Straße raus aus dem Stadtzentrum. Entlang der Pfrimm, einem Nebenfluss des Rheins, spaziert man über einen schönen Weg, einst eine Bahntrasse, und durchbricht schon bald den Schrebergartengürtel der Stadt.

Die Kirche der Gemeinde Herrnsheim zeichnet sich am Horizont ab, und schon nach etwas mehr als vier Kilometern ist das Schloss dieses Ortes erreicht. Als eines der bedeutendsten Herrschaftsgebäude in Rheinland-

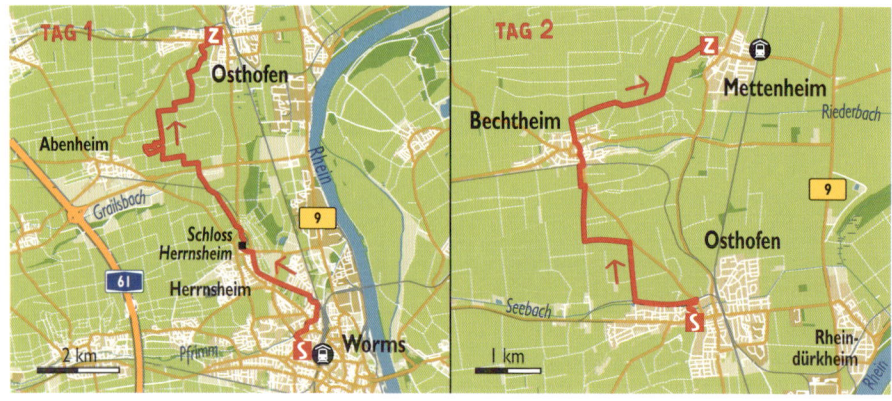

Pfalz ist der Bau im Empire-Stil ein allseits beliebtes Ausflugsziel. Der idyllische Innenhof lädt auch bei dieser Wanderung zu einer ersten, längeren Rast ein, vielleicht sogar zu einer Einkehr. Ins Kabinett vielleicht? Dort werden wechselnde Tagesgerichte und super leckere Kuchen serviert (www.kabinett-worms.de).

Gleich daneben lohnt ein Blick in die Wonnegauer Ölmühle, in der es feine Delikatessen, wie kaltgepresstes Walnussöl, zu kaufen gibt. Die Souvenirjagd hat begonnen.

Anschließend unbedingt an der Hecke neben der Schlossterrasse von den Feigen naschen,

Auf der Zielgeraden offenbart sich den Weinwanderern nochmal ein herrlicher Weitblick.

bevor es durch den Park und die Weinberge bis nach Osthofen geht. Wunderbar nächtigen lässt es sich im Weingasthof Zum weißen Roß, der direkt auf der Route liegt.

Am nächsten Tag führt der Weg auf acht Kilometern weiter über Bechtheim bis hinauf nach Mettenheim.

Zunächst wandert man durch den Ortskern Osthofens, die schmalen Gassen entlang und vorbei an einem der schönsten Weinberghäuschen Rheinhessens. Der Weg verläuft weiter auf der Strecke des Jakobsweges, bis der Pfad nach rechts abzweigt und man wieder in die Weinberge eintaucht. Es geht durch Rebflächen in allen Schattierungen hindurch, wie auch durch das Kleinod Bechtheim. Und zu guter Letzt hält der Weg noch eine Überraschung bereit: einen Weinlehrpfad, der Wissenswertes über Rebsorten und die Weinlese verrät.

Dem Schicksal beziehungsweise der Streckenführung sei Dank, führt die Wanderung auf der Zielgeraden an den Höfen einiger Winzer vorbei. Wer kann da Nein sagen? Hier kann man auch wunderbar Mitbringsel erstehen, einen fruchtigen Spätburgunder und einen frisch abgefüllten Federweißen vielleicht, bevor es auf den Heimweg geht. So lässt sich dann zu Hause gemütlich am Weinglas nippen und zurückträumen – mitten hinein ins Rebenmeer.

> **FAZIT: ENTSPANNTE WANDERUNG, BEI DER AUCH DIE KULINARISCHEN GENÜSSE NICHT ZU KURZ KOMMEN.**

Hin & weg: Die S 6 von Mainz aus hält sowohl in Worms als auch in Mettenheim.

Beste Zeit: Sonnige Frühlings- oder Herbsttage. Wer von den Feigen naschen will, kommt natürlich besser im Herbst …

Dauer & Strecke: 2 volle Tage für die beiden Wanderungen (14 und 8 km).

Ausrüstung: Bequemes Schuhwerk und Proviant. An heißen Tagen Kopfbedeckung und ausreichend Wasser mitnehmen (es gibt keinen Schatten).

Wenn es Nacht wird: Zimmer mit gutem Preis-Leistungs-Verhältnis gibt es im Weingasthof Zum weißen Roß in Osthofen (www.weingasthof-osthofen.de).

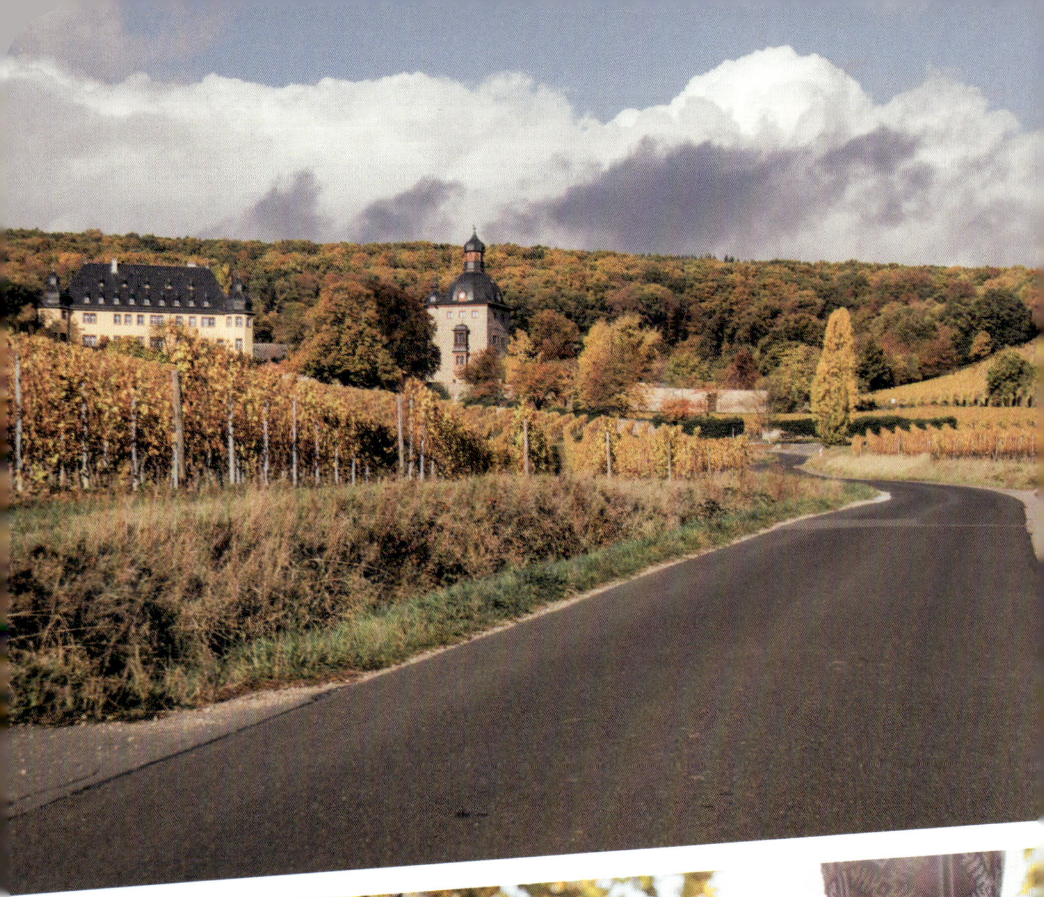

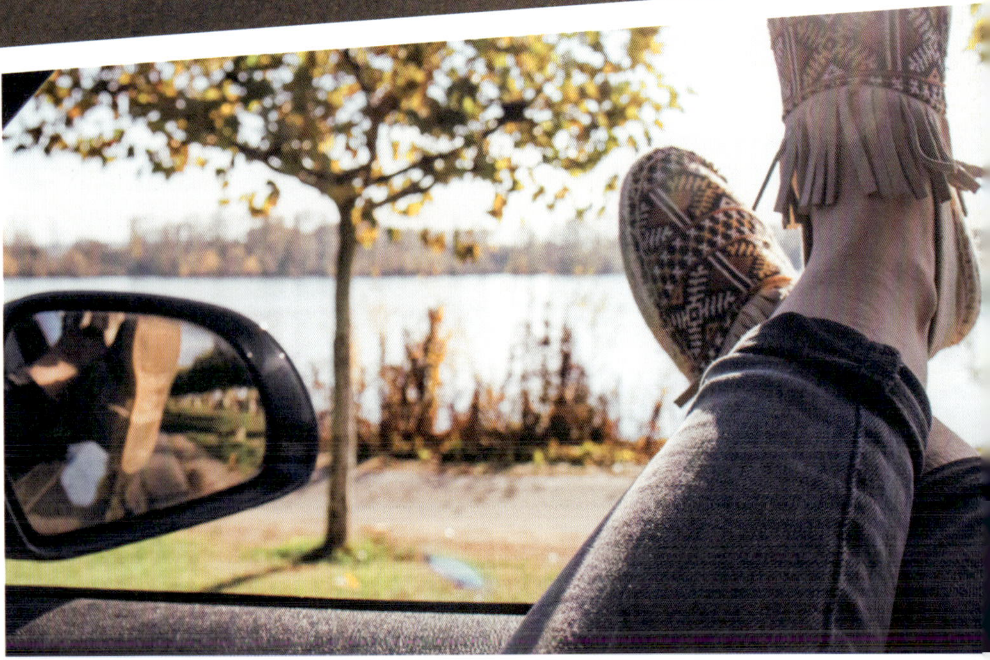

LAND-
PARTIE

≥ ... von Wiesbaden durch den Rheingau ≤

#49

Die Lieblingsmusik schallt aus den Boxen und ein Gefühl von Freiheit liegt in der Luft. Über kurvige Landstraßen sausen. Nach Lust und Laune stehen bleiben. Eben genau da, wo es einem gefällt. Ein Roadtrip von Wiesbaden bis Rüdesheim, ganz nach dem Motto: Der Weg ist das Ziel.

Auftakt des zweitägigen Trips ist die Domäne Mechtildshausen in Wiesbaden. Seit mehreren Hundert Jahren wird hier Landwirtschaft betrieben. Schon zu Zeiten der Karolinger. Heute ist die Wiesbadener Jugendwerkstatt Pächter des Hofgutes und bildet in der Domäne sozial benachteiligte Jugendliche und Langzeitarbeitslose in verschiedenen Berufen aus. Besucher erwartet auf dem Hof frischeste Landluft – und viel zum Entdecken!

Da heißt es Ziegen und Pferde besuchen und den Gaumen kitzeln mit Bio-Produkten in der Bäckerei und Käserei. Oder wie wäre es mal wieder mit einem Brunch? Im Café Bohne schmeckt das ganz wunderbar. Danach nimmt man einen Teil dessen, was eben noch auf dem Teller angerichtet war, aus der Markthalle mit. Wir sind ja mit dem Auto da. Und, mal ehrlich, kennt das nicht jeder: Manchmal

sind die Augen eben größer als der Magen. Vor allem, wenn alles so lecker angerichtet ist wie hier.

Von der Domäne ist es nicht weit bis zum Besucherzentrum des Regionalparks Rhein-Main. Der 27 Meter hohe Aussichtsturm ist

Hin & weg: Wochenendgepäck ins Auto schmeißen und ab geht die Post.

Beste Zeit: Zu jeder Zeit.

Dauer & Strecke: 2 Tage für knapp 80 km Fahrt und diverse Stopps.

Ausrüstung: Wanderschuhe und den Roadtrip-Soundtrack im Gepäck.

Wenn es Nacht wird: Die Wambacher Mühle bei Schlangenbad ist ein echtes Unikat und urgemütlich. Keinesfalls sollte man sich das Abendessen im hauseigenen Restaurant entgehen lassen. Unbedingt im Vorfeld reservieren: www.wambacher-muehle.de

Hallo kleiner Freund! Eichhörnchen fühlen sich am Schloss Vollrads ebenso wohl wie wir. Nächster Halt ist das Postkartenmotiv schlechthin: das Niederwalddenkmal. Hinauf geht's mit der Seilbahn.

ein weiterer guter Grund für einen Stopp. Über 170 Stufen geht es hinauf. Oben angekommen, hat man einen weiten Blick in die gesamte Region. Mutige stellen sich auf die Plexiglasscheibe!

Weiter geht die Fahrt Richtung Westen, zur Unterkunft für diese Nacht. Die historische Wambacher Mühle mitten im Taunuskamm ist ein echtes Schmankerl für alle, die den rustikalen Landhausstil und gutbürgerliche Küche lieben. Doch bevor es zum gemütlichen Teil des Tages übergeht, warten gleich hinter dem Haus märchenhafte Waldwege, sogar ein Teil des Rheinsteigs führt hier vorbei. Also lieber nochmal schnell eine kleine Runde drehen (siehe Karte für die Wanderung) und den Waldduft einsaugen, damit es nachher ohne schlechtes Gewissen ans Schlemmen geht. Da schmecken Rotkraut, Klöße & Co. doch gleich doppelt so gut.

Der zweite Tag steht ganz im Zeichen der Rheinromantik. Die Landstraße changiert, von Bäumen gesäumt, zu saftig grünen Weinbergen. Kurz scheint man den Rhein zu berühren, bevor sich die Straße rechter Hand hinaufwindet zum Schloss Vollrads. Auch hier führen Wanderwege um das herrliche Anwesen. Aber eigentlich reicht es für den Moment schon völlig, im Schlosshof des Weinguts zu sitzen und an einem Glas alkoholfreien Traubensecco zu nippen und ein wenig ins Schwärmen zu geraten bei so viel herrschaftlicher Pracht um einen herum.

Genug geträumt von einem Leben als Schlossbesitzer? Dann geht die Spritztour weiter, bis nach Rüdesheim. Mit seinen schmalen kopfsteingepflasterten Gassen, darunter die fast schon legendäre Drosselgasse, ist Rüdesheim längst kein Geheimtipp mehr. Durch die Altstadt zu bummeln, mit ihren vielen Touristen aus aller Welt und den Souvenirgeschäften, löst dennoch Urlaubsgefühle aus.

Zum Abschluss des Roadtrips geht's mit der Seilbahn in luftige Höhen bis zum Niederwalddenkmal. Dort wartet ein Ausblick, der begeistert: auf den Rheingau.

FAZIT: »BABY I CAN DRIVE YOUR CAR« – UND LASS MICH DIR EIN STÜCK ALLERFEINSTES HESSEN ZEIGEN!

EAT, PRAY, CYCLE

... von Offenbach nach Seligenstadt

#50

Die Osterglocken blühen und die ersten Eisdielen öffnen ihre Theken? Wenn der Frühling anklopft, ist es höchste Zeit, das Rad fit zu machen für eine erste Ausfahrt. Mit dem Fahrtwind im Gesicht geht es 32 Kilometer ganz entspannt von Offenbach nach Seligenstadt. Eine zweitägige Genussradtour entlang des Mains.

Immer dem Main ganz nah radelt man von Offenbach nach Seligenstadt. Hier geht's zu Fuß weiter, durch die entzückende Altstadt und den Klostergarten.

»Offenbach am Meer« nennen die Einwohner liebevoll ihre kleine Metropole. Von hier startet die Radtour, und sie führt ohne strapaziöse Höhenmeter stromaufwärts. Ein toller Nebeneffekt: Da der Main den Weg weist, braucht man nicht einmal eine Karte. Nach gut neun Kilometern lädt ein Bootshaus zu einer ersten Kaffeepause ein. Frisch gestärkt steht den verbliebenen 23 Kilometern bis zum heutigen Tagesziel da nichts mehr im Weg. Main, Main,

Main ... und schon von Weitem kündigt die Kuppel einer ehemaligen Benediktinerabtei das Ziel an: Seligenstadt.

Fast 1000 Jahre lang lebten und arbeiteten Mönche in diesem Kloster – eine Besichtigung lohnt sich ebenso wie ein Streifzug durch die Altstadt mit ihren verwinkelten Gässchen und gut erhaltenen Fachwerkhäusern. Zurück im Klostergarten, ist eine eisige Belohnung angesagt. Unter den weißen Schirmen des Cafés der Benediktinerabtei schmecken die Eisbecher besonders lecker.

Seligenstadt trumpft gleich mit einer ganzen Reihe von Wohlfühloasen auf, die sich ganz bescheiden als Hotels ausgeben. Toll ist zum Beispiel das Main Chateau in der Altstadt – und noch dazu liegt es direkt am Wasser.

Hach, die Trennung fällt schwer. Also am nächsten Morgen gleich noch einmal eine Runde durch die historischen Gässchen drehen, sich treiben lassen. Dann geht's auf derselben Strecke zurück. Flussabwärts und die Sonne im Rücken. Ein goldener Schimmer legt sich gegen Nachmittag über die Wiesen und Felder. Durch die Trauerweide glitzert der Main.

Als Ausklang vielleicht noch nett einkehren? Möglichkeiten bieten sich zuhauf. Im Bootshaus Bürgel können sich Radler den Bauch mit griechischer Küche vollschlagen, 2,5 Kilometer vor Offenbach (www.bootshaus-buergel.eu). Wer die Radtour lieber ganz im Zeichen des Mains beendet, sucht das kultige Bembelboot und schlürft seinen Apfelwein direkt am Wasser. Dazu gibt's die typische Frankfurter Grüne Soße oder Handkäs mit Musik.

FAZIT: ENTSPANNTE WOCHENENDRADTOUR MIT ZAHLREICHEN GENUSSMOMENTEN.

Hin & weg: Mit der S 1, 2, 8 oder 9 von Frankfurt-Hauptbahnhof bis Offenbach-Ledermuseum. Von hier sind es nur wenige Meter bis zum Mainradweg.

Beste Zeit: In der Eiscreme-Saison.

Dauer & Strecke: 1,5–2 volle Tage sollte man für die 64 km Hin- und Rückweg einplanen.

Ausrüstung: Ein Fahrrad und etwas Geld für kulinarische Genüsse entlang des Weges.

Wenn es Nacht wird: Schlafen in individuell eingerichteten Zimmern, die allesamt Namen aus der Geschichte Seligenstadts tragen, kann man im Main Chateau (www.mainchateau.eu). Highlight ist die Sommerterrasse mit Mainblick.

DIE MELODIE DER STILLE

 ... im Naturpark Spessart

#51

*Waldesglück und kulinarische Gaumen-
freuden. Ein Kurzurlaub im Spessart
lädt zu ausgedehnten Streifzügen durch
einsame Wälder ein und punktet mit einem
richtigen Übernachtungsschatz.*

#Auftanken #OasedesGlücks #Naturpur #HubertusHof

Eine erste Spessart-Erkundungstour führt durch das beschauliche Hobbach.

Die Elsava, ein rund 25 Kilometer langer Zufluss des Mains, plätschert friedlich dahin. Zufriedene Kühe grasen auf riesigen Wiesen. Genau da liegt Hobbach, im Landkreis Miltenberg. Inmitten dieses beschaulichen 800-Seelen-Dorfes haben Gloria, Susanne und Marc eine kleine, aber ganz besondere Oase des Glücks geschaffen. »Man kommt als Fremder und geht als Freund«, bringt Susanne das Konzept ihres Hofes auf den Punkt. Gleichzeitig ist der Hubertus-Hof ideales Basislager für Erkundungstouren im Naturpark Spessart. Von der Unterkunft aus führt eine leichte und kurze Wanderung, etwa drei Kilometer durch Hobbach. Perfekt, um sich einen ersten Eindruck von der Region zu verschaffen. Zunächst orientiert man sich am Kulturwanderweg und wird wenig später vom Plätschern der Elsava begleitet. Der Weg führt weiter durch Streuobstwiesen mit schönem Blick auf das Örtchen.

Eine andere, etwa neun Kilometer lange Wanderung beginnt im nahegelegenen Heimbuchenthal. Von der St.-Martin-Kirche taucht man schon nach wenigen Schritten ein in einsames Waldgebiet. Eine Szenerie tut sich auf, so friedlich, man kann die Stille hören. Aber erst mal heißt es schwitzen: Die ersten zwei Kilometer geht es bergauf. Erst danach beginnt der ge-

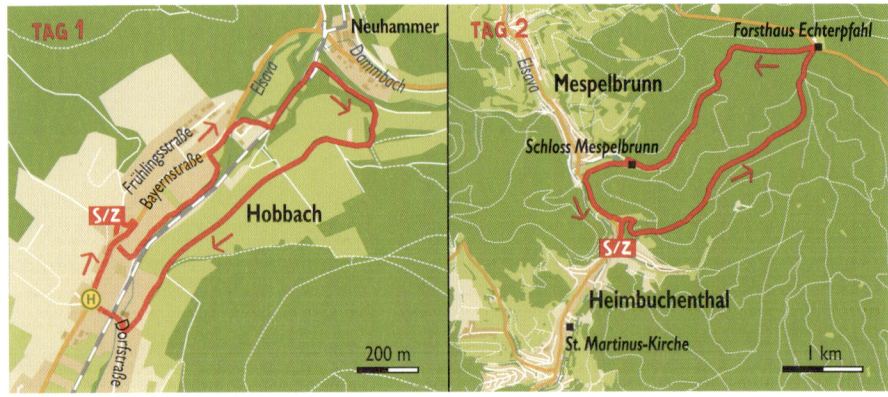

Stille und einsame Waldabschnitte findet man im Spessart. Genau richtig, um Kraft zu tanken und die Batterien wieder aufzuladen. Rechts: Schloss Mespelbrunn und ein Blick in den Hubertus-Hof.

mütliche Teil des Weges mit sanftem Hoch und Runter. Bis zum Gasthof Forsthaus Echterpfahl folgt man der Markierung H1, von dort durchstreift man weiter die Natur, dem Schild M3 folgend, bis aus dem Wald die Spitze von Schloss Mespelbrunn hervorblitzt. Dieses Wasserschloss aus dem frühen 15. Jahrhundert versteckt sich hier im Tal. Anno dazumal, als der Spessart noch ein wilder und unerschlossener Wald war, sollte es die Familie Echter von Mes-

pelbrunn vor plündernden Hussiten schützen. Heute kann man für wenige Euro Eintritt durch das Anwesen wandeln und sich im Café Pferdestall verwöhnen lassen. Anschließend geht's auf die Zielgerade, vorbei an der Gruftkapelle, zurück zum Ausgangspunkt der Wanderung: der St.-Martin-Kirche. Zurück im Hubertus-Hof lockt der gemütliche Innenhof zum Verweilen mit einem ersten appetitanregenden Glas Wein. Hmmm, was riecht da so lecker? Errät wer, was wir gleich auf dem Teller haben? Was das Küchenteam heute Raffiniertes zaubert? Von den

Düften, die da durch die offene Küchentür strömen, darf man sich gerne übermannen lassen, vorab in die Töpfe linsen und sogar selbst den Kochlöffel in die Hand nehmen. Als wäre man zu Gast bei Freunden. Ja, so ist es: Man kommt als Fremder und geht als Freund.

Hin & weg: Von Aschaffenburg mit der RB nach Obernburg-Elsenfeld. Weiter mit Bus 64 bis Hobbach-Mitte / Eschau.

Beste Zeit: Zu jeder Jahreszeit.

Dauer & Strecke: 2 Tage für kleinere und größere Erkundungstouren in der Region.

Ausrüstung: Gutes Schuhwerk und Proviant.

Wenn es Nacht wird: Mit etwas Flexibilität ergattert man im Hubertus-Hof ein gemütliches Zimmer (www.hubertushof-hobbach.de). Auch an den Wochenenden braucht man etwas Glück, da hin und wieder Hochzeiten stattfinden. Sehr zu empfehlen!

> **FAZIT: DIE STILLE FÜHLEN IN ABGESCHIEDENER NATUR, KOMBINIERT MIT EINEM INTIMEN UND FAMILIÄREN ÜBERNACHTUNGSAMBIENTE.**

Westerwald
Rothaargebirge
Kellerwald
Wüstegarten
Fuchskaute
Dünsberg
Gießen
Stoppelberg
Schotten
20
Neuhof
Kaliberg
Großer Feldberg
40
Taunus

WIPFEL-WEGE UND ALMGLÜCK

 … im Vogelsberg

#52

Wo einmal heiße Lava floss, schlängeln sich heute Wasserläufe durch die Täler. Ein Wochenende im größten Vulkangebiet Mitteleuropas hält Naturhighlights bereit, Pfade in luftigen Höhen und eine Übernachtung im gemütlichen Weinfass.

Viele Wege, die sich hier durch die vielseitige Landschaft des Vogelbergs winden, wurden vom deutschen Wanderinstitut als Premiumwanderwege ausgezeichnet. Zu Recht! Die Gipfeltour zum Beispiel kann mit herrlichen Ausblicken von den Gipfeln des Vulkanmassivs punkten. Sie ist 13,3 Kilometer lang und gut ausgeschildert. Facettenreich präsentiert sich der Vogelsberg auch auf der 14 Kilometer langen Stausee-Tour: mit einem Basaltschlot,

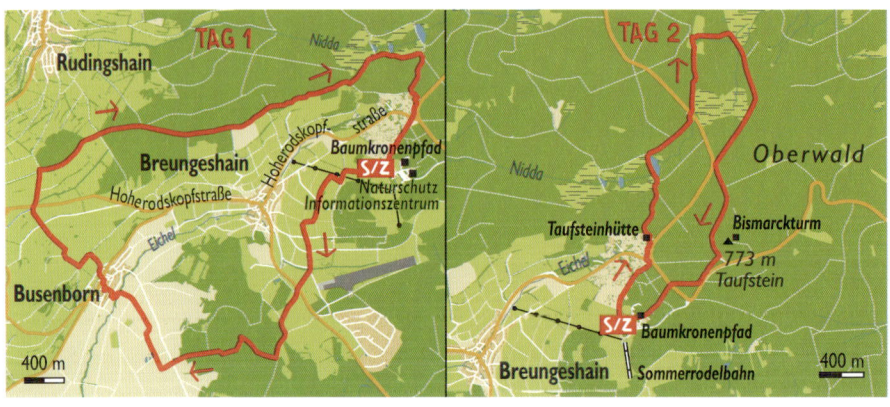

Forellenteiche und sogar ein abenteuerlicher Baumkronenpfad liegen auf der Strecke des familienfreundlichen Höhenrundwegs.

Mammutbäumen und dem Nidda-Stausee – für eine kleine Badepause zwischendurch. Mit seiner Länge von sieben Kilometern und dem geringen Schwierigkeitsgrad eignet sich der Höhenrundweg ganz wunderbar für Familien mit Kindern. Los geht's auf dem Parkplatz an der Taufsteinhütte. Von hier folgt man einfach der Beschilderung mit dem grünen H. Wer das ultimative Wandererlebnis sucht, geht den Weg entgegen der vorhergesehenen Richtung. So wartet als Krönung am Ende das absolute Highlight!

Nach wenigen Metern durch den Wald kommt man an Forellenteichen vorbei, und kurz darauf ist die Nidda erreicht. Sie ist jetzt das Maß aller Dinge, denn man folgt ihr bis zu ihrer Quelle. Nach knapp fünf Kilometern macht der Weg eine Biegung nach rechts und Hinweisschilder zeigen den Weg zum Taufstein. Eine Treppe aus Basaltstufen führt hinauf auf diese mit 774 Metern höchste Erhebung des Vogelbergs. Wer mag, erklimmt auch noch die 101 Stufen des Bismarckturms. In 22 Metern Höhe ist der Blick über die Baumkronen hinweg und über weite Teile Hessens und die angrenzenden Mittelgebirge einfach ein Traum. Der Weg führt nun weiter bis zum Naturschutz-Informationszentrum und der

Sendeanlage mit dem Fernmeldeturm. Der Magen knurrt? Auf dem Hoherodskopf gibt's Einkehrmöglichkeiten – und noch dazu den Baumkronenpfad. Für nach dem Essen vielleicht. Über eine Gesamtlänge von 500 Metern ist man hier ganz auf Augenhöhe mit den Baumkronen, ein echtes Abenteuer.

Nach dem Pfad durch die Wipfel geht es weiter nach rechts: Ein phänomenaler Blick über die Hangwiesen hinweg erwartet einen dort. Perfekt für ein kleines Päuschen! Linker Hand zeichnet sich an klaren Tagen sogar die Skyline von Frankfurt am Horizont ab.

Die letzten Meter über die Wiese führen dann wieder zum Ausgangspunkt, der Taufsteinhütte, und zum i-Tüpfelchen dieses Miniurlaubs: einer Übernachtung im Weinfass. Das urige Cottage mit zwei Schlafplätzen ist komplett aus naturbelassenem Holz gebaut. Und genauso duftet es darin auch – nach Wald und nach Gemütlichkeit.

Hin & weg: An Wochenenden und Feiertagen von Mai bis Oktober fahren die Vulkan-Express-Busse ab z. B. Lauterbach (Hessen) zum Hoherodskopf.

Beste Zeit: Das ganze Jahr ein Vergnügen. Auch sehr reizvoll im Winter, wenn Schnee liegt.

Dauer & Strecke: 2 Tage.

Ausrüstung: Wanderkluft.

Wenn es Nacht wird: Die Taufsteinhütte bietet Übernachtungsmöglichkeiten in »Schlummer-Weinfässern« inmitten des Vogelbergidylls (www. taufsteinhuette.de).

FAZIT: PANORAMEN, GENUSS, GEMÜT-LICHKEIT. NACH ZWEI TAGEN IM VOGELS-BERG WÜRDE MAN DIE ZEIT AM LIEBSTEN NOCHMAL AUF ANFANG STELLEN.

SONST NOCH WICHTIG

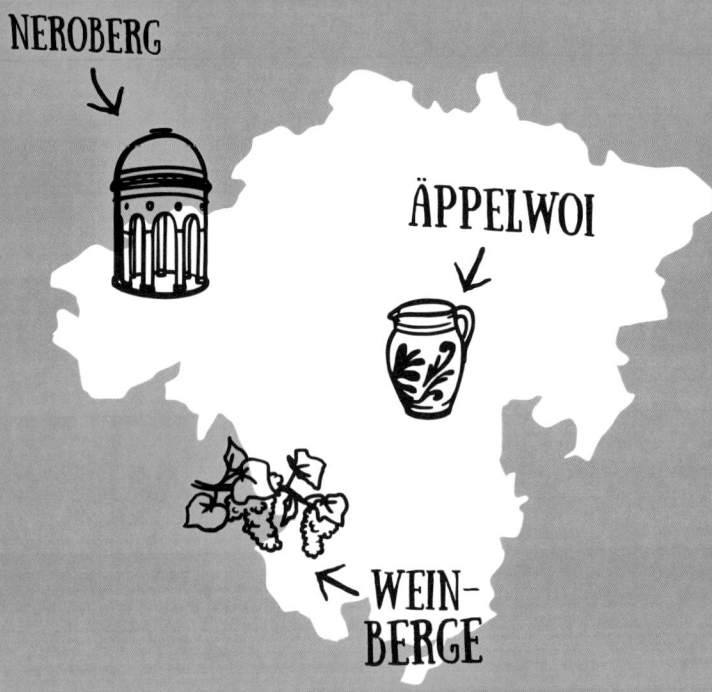

NEROBERG

ÄPPELWOI

WEIN-
BERGE

Ein- und Überblick

*Karten für den schnellen Überblick, prakti-
sche Tipps, mehr über die Autorin sowie ein
Ortsregister zum schnellen Nachschlagen
gibt es auf den folgenden Seiten.*

GPX-Download aufs Smartphone – so geht's

<u>Voraussetzung:</u>
Eine Outdoor-App muss installiert sein, z. B. KOMPASS, Outdooractive oder komoot. Zum Einlesen des QR-Codes benötigen Android-Geräte eine QR-Code-App. Bei IOS-Geräten ist diese Funktion in der Kamera integriert.

<u>Daten downloaden:</u>
1. Den QR-Code einlesen oder die Webadresse im Browser eingeben, um auf die Eskapaden-Website zu gelangen.
2. Die gewünschte Tour zum Download anklicken.
3. Bei IOS-Geräten werden die GPX-Daten direkt mit der vorab installierten App verknüpft. Bei Android-Geräten muss ggf. noch ein Weiterleiten-Button geklickt werden (z. B. oben rechts im Display). Manche Apps zeigen den Tourverlauf starr an, andere haben eine Navigationsfunktion dabei.

Tourenverlauf

GPX-Daten zum
kostenlosen Download
www.dumontreise.de/
eskapaden/rhein-main

short.travel/zcsxn

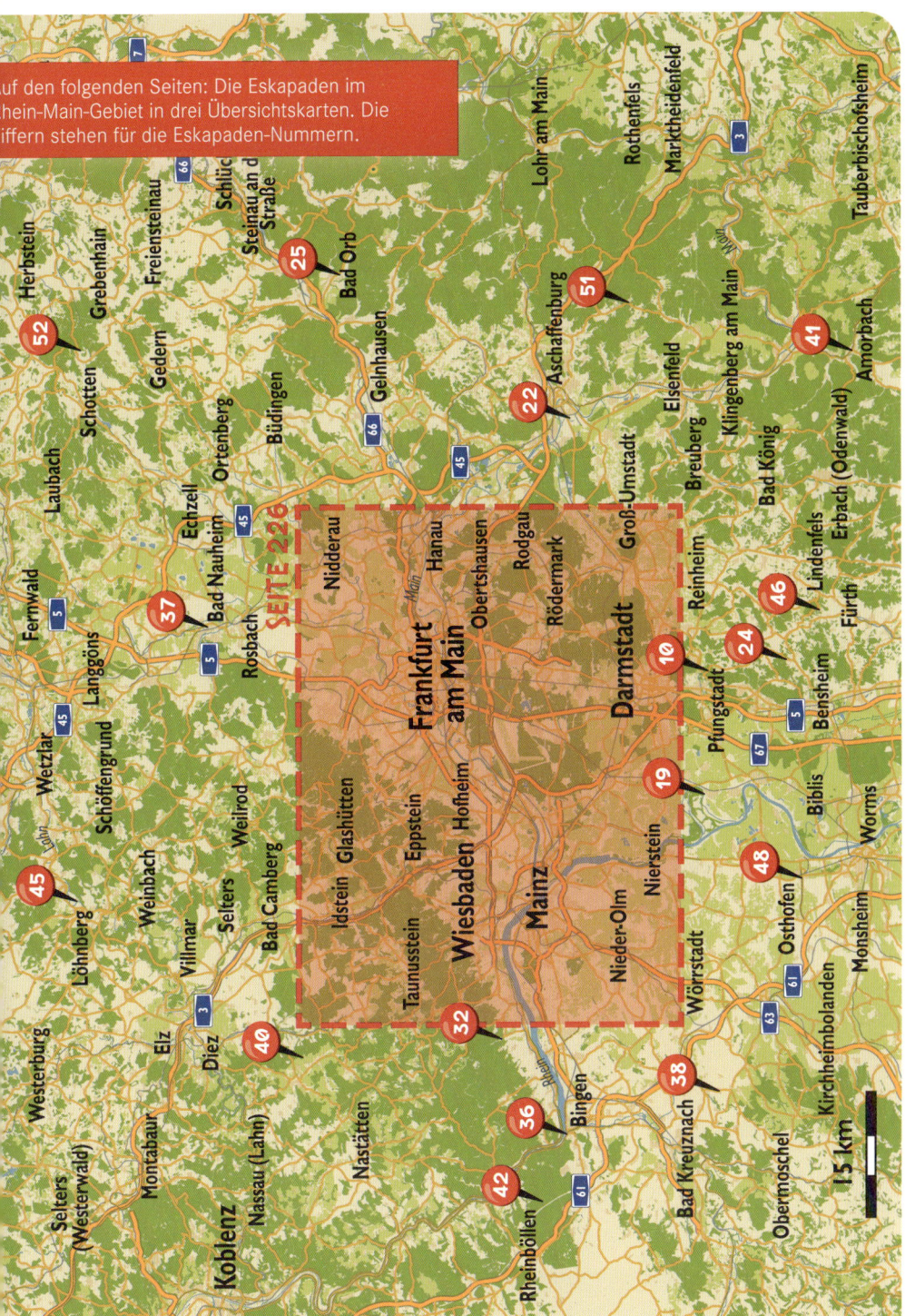

auf den folgenden Seiten: Die Eskapaden im Rhein-Main-Gebiet in drei Übersichtskarten. Die Ziffern stehen für die Eskapaden-Nummern.

SEITE 226

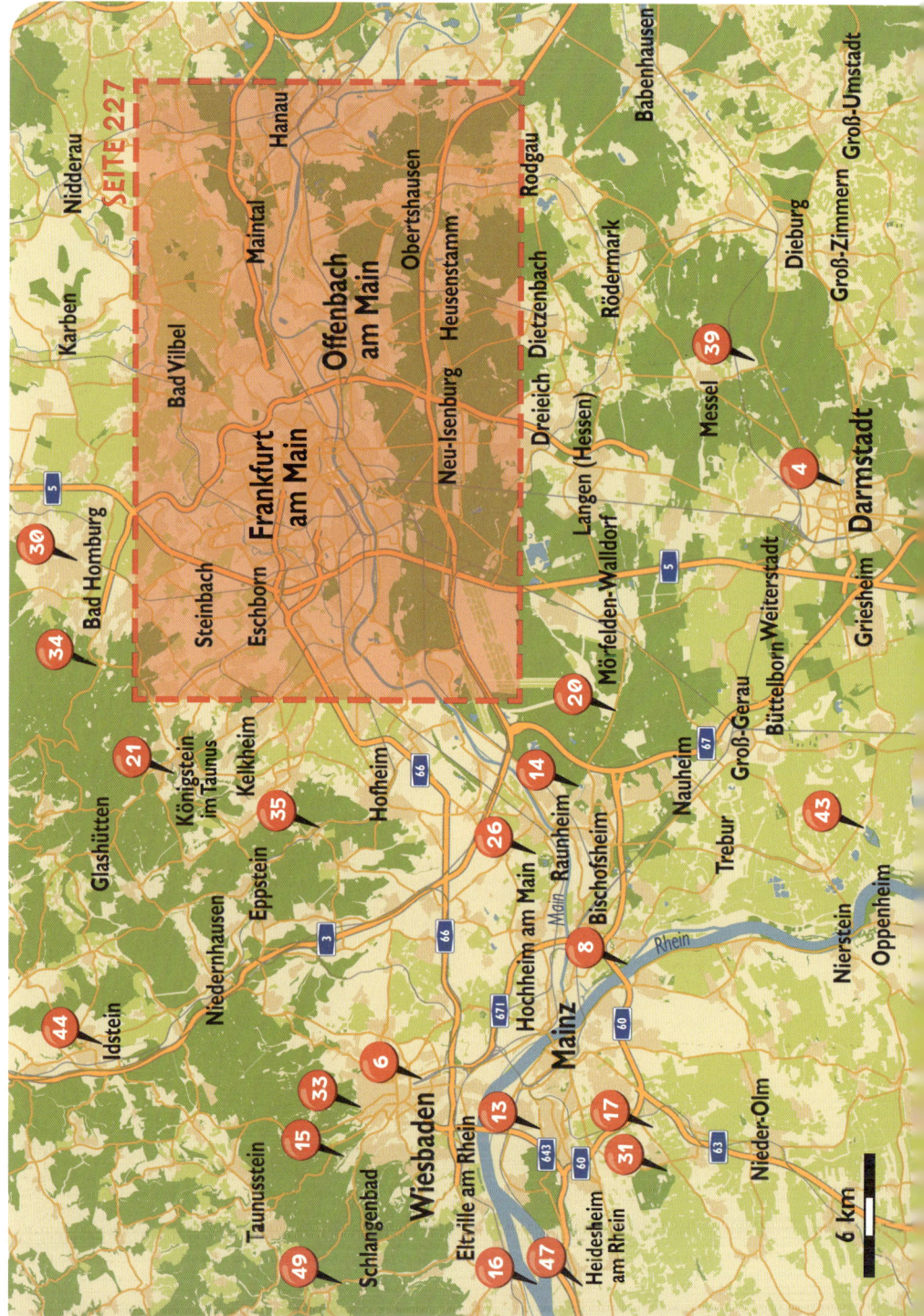

SEITE 227

Nidderau

Karben

Bad Homburg

30

34

Steinbach

Eschborn

Bad Vilbel

Maintal

Hanau

Frankfurt am Main

Offenbach am Main

Obertshausen

Heusenstamm

Neu-Isenburg

Rodgau

Rödermark

Dreieich

Dietzenbach

Langen (Hessen)

Messel

39

Dieburg

Groß-Zimmern Groß-Umstadt

Babenhausen

4

Darmstadt

Mörfelden-Walldorf

Griesheim

Weiterstadt

Büttelborn

20

14

Nauheim

Groß-Gerau

43

21

Königstein im Taunus

Kelkheim

35

Hofheim

66

26

Raunheim

Main

Bischofsheim

Trebur

Glashütten

Eppstein

Niedernhausen

3

66

8

Rhein

Nierstein

Oppenheim

Hochheim am Main

671

Mainz

60

44

Idstein

6

33

13

17

Nieder-Olm

63

Taunusstein

15

643

60

31

Schlangenbad

Wiesbaden

Eltville am Rhein

Heidesheim am Rhein

49

16

47

6 km

5

5

67

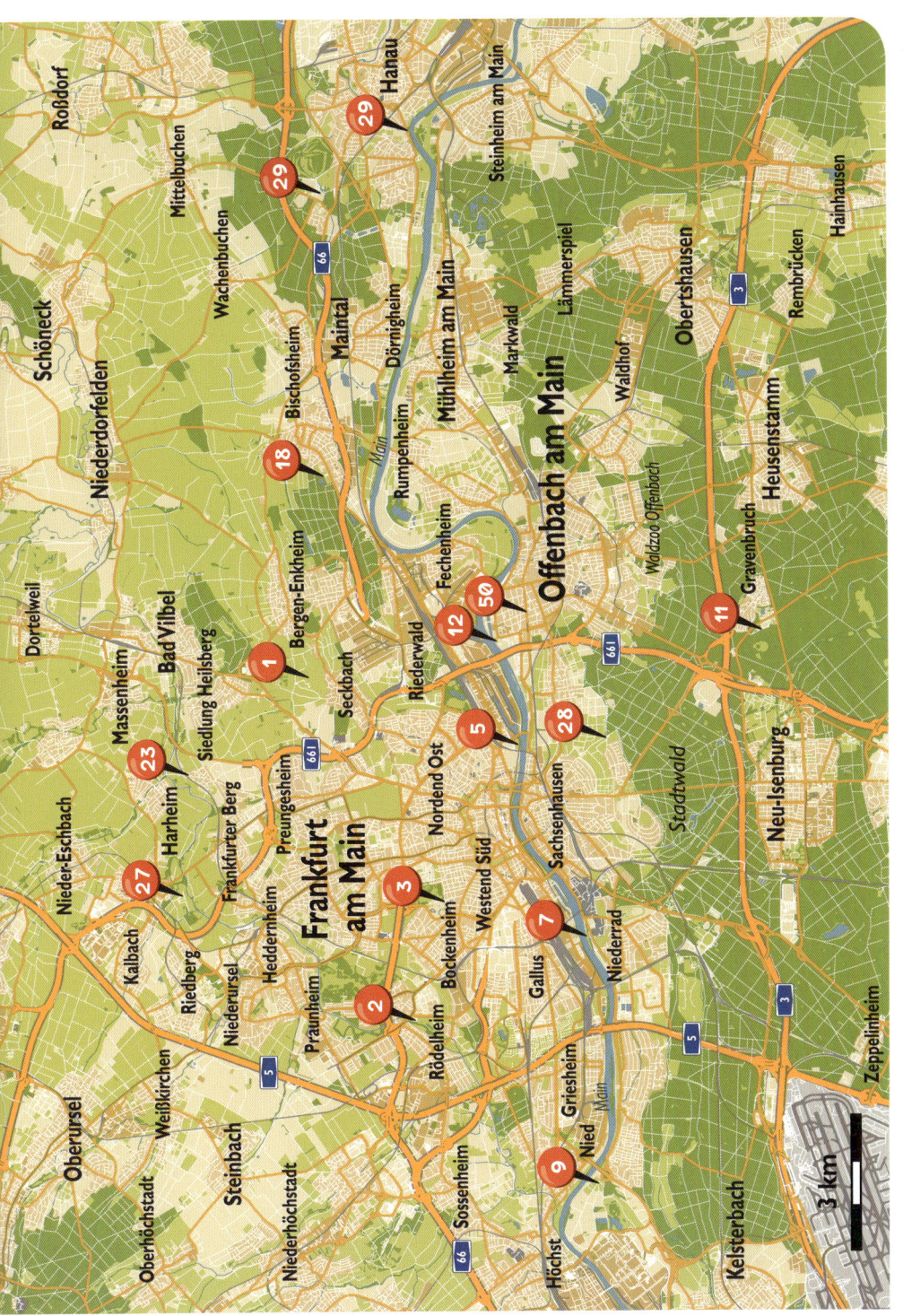

NOCH MEHR ESKAPADEN ...

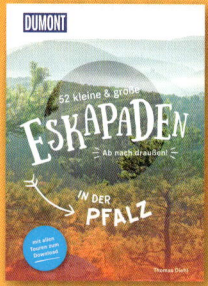
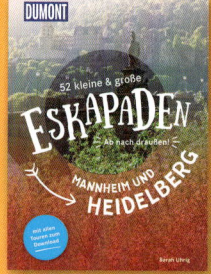
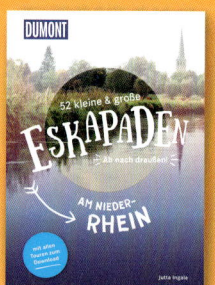

ISBN 978-3-7701-8094-3   ISBN 978-7701-8097-4   ISBN 978-3-7701-8082-0

 ... erhalten Sie im gut sortierten Buchhandel
und unter www.dumontreise.de

IMPRESSUM

Reihenkonzept Monique Sorban

Projektmanagement Svenja Heinle, Monique Sorban

Cover-/Buchgestaltung & Illustrationen Carolin Weidemann, Köln, www.weidemann-design.com

Lektorat & Produktion Verlagsbüro Wais & Partner (Melanie Kattanek, Beate König, Julia Rietsch,

Kai Wieland), Stuttgart, www.wais-und-partner.de

Text & Fotos Sarah Waltinger, Mainz, www.itchyfeet-travel.de

Kartografie Madlen Keilhauer, Oliver Rau; © MAIRDUMONT, Ostfildern, unter Verwendung von Kartendaten
von © OpenStreetMap-Mitwirkende, Lizenz CC-BY-SA 2.0

Printed in Poland

3. Auflage 2020
© 2019 DuMont Reiseverlag, Ostfildern
ISBN 978-3-7701 8091-2

www.dumontreise.de

MIX
Paper from
responsible sources
FSC® C139602
FSC
www.fsc.org

love
Freiheit.

Weiterlesen

Über die Stadtgrenze Frankfurts hinaus gibt's Ausflugstipps und weitere spannende Themen in dem Heft »Es ist schön hier: FrankfurtRhein-Main«. Mehr Empfehlungen findet man außerdem online auf www.frankfurtdubistsowunderbar.de. Hinter der Heftreihe und dem Blog steckt die Kreativagentur esistfreitag.

Geschmacks-sachen

Leiblicher Genuss gehört zur Region wie der Bembel zu Frankfurt. Aus eben diesem Krug wird, traditionell zu Handkäs mit Musik oder Grüner Soße, das gute »Stöffche« ausgeschenkt (#1). Etwas weiter westlich rümpft manch einer schon beim Gedanken an Apfelwein die Nase und hält sich lieber an Riesling & Co (#38 und #48).

GUT ZU WISSEN ...

Ohne Auto

Im Rhein-Main-Gebiet gibt es nur wenige entlegene Ecken, die nicht mit dem ÖPNV zu erreichen sind. Somit lassen sich die meisten Touren prima ohne Auto umsetzen. Bus- und Bahnverbindungen für die Region findet man unter www.rmv.de. und auf www.bahn.de. Mit dem Hessen- und Rheinland-Pfalz-Ticket fährt man zum Sparpreis. Tolle Sache beim Nahverkehr: Das Fahrrad hat auch noch Platz. Infos zu Verleihstationen findet man zum Beispiel unter www.frankfurt-tourismus.de

Sicherheit & Notfälle

Zentrale europäische Notrufnummer ist die 112 - gebührenfrei aus allen Netzen, auch mobil, erreichbar. Feuerwehr und Rettungsdienste werden so alarmiert.

Vor Ort im Netz

Outdoor-Tipps und Infos zum Rhein-Main-Gebiet gibt's online zu lesen auf dem Blog www.sonntagsausflug-rheinmain.de und speziell für Frankfurt auf dem Blogazine www.aboutfrankfurt.net

ESKAPADEN-REGISTER ...

⤜ Alle Orte mit Seitenverweisen ⤛

SARAH WALTINGER

⇒ ... über die Autorin ⇐

Die Mainzerin Sarah packt regelmäßig das Fernweh und kurz darauf ihren Koffer, um neue, faszinierende Orte zu bereisen oder an alte, lieb gewonnene zurückzukehren. Und obwohl sie gelegentlich von einem Neuanfang irgendwo in der Ferne träumt, ist Mainz eben doch ihre Stadt des Herzens. Mit diesem Buch hat Sarah ihre Heimat nochmal ganz neu kennen- und lieben gelernt. Eskapaden sollen nun zum festen Bestandteil ihres Alltags werden. Mindestens eine Tour pro Monat hat sie sich vorgenommen.

Ihre Reiseerlebnisse verarbeitet Sarah zu Geschichten für Magazine und Verlage. Daneben dient ihr Blog www.itchyfeet-travel.de seit 2011 als Gedanken-Spielwiese und Fotoalbum.

Immer schön

Eskapade #52: Das größte Vulkangebiet Mitteleuropas ist zu jeder Jahreszeit eine Eskapade wert. Auch im Winter! Ein Wochenende im Vogelsberg kann dann locker mit den Alpen mithalten.

Küstenmomente

Eskapade #13: Fernweh stillen. Dafür muss man nicht immer eine große Reise antreten. Manchmal genügt schon ein Spaziergang über sandige Pfade und durch Landschaften, die an südliche Gefilde erinnern. Genau das findet man im Mainzer Sand.

5 BESONDERE EMPFEHLUNGEN ...

Weinwandern

Beste Aussichten

Eskapade #33: Sich vom würzigen Duft des Waldes betören lassen und nur einen Wimpernschlag später die Turnschuhe gegen Flipflops eintauschen, um im kühlen Nass genüsslich Bahnen zu ziehen. Herrlich! On top gibt's eine der schönsten Ausblicke auf Wiesbaden.

Eskapade #38: Begleitet von einem Meer aus Reben und prächtiger Heidelandschaft durch Rheinhessen wandern. Die spritzige Belohnung alias Weinschorle stets in unmittelbarer Nähe – das funktioniert besonders gut im rheinlandpfälzischen Siefersheim.

Leine los

Eskapade #45: Sommerzeit ist Paddelzeit: Am besten gleich zwei Tage die Lahn im Kanu entlangschippern, vorbei an idyllischen Buchten und beschaulichen Dörfern. Als Zugabe winkt ein Zeltplatz direkt am Wasser, mit einem Blick, bei dem garantiert jeder ins Schwärmen gerät.